共同体

COMMUNITY **007**

各美其美

美美与共

行走在苏轼的世界里

朝苏记

于坚 作品

深圳报业集团出版社
SHENZHEN PRESS GROUP PUBLISHING HOUSE

在中国历史上，每个世纪都会出现大诗人。《诗经》时代，杰出的诗人多如牛毛，匿名的大诗人可以采诸野。"古有采诗之官，王者所以观风俗，知得失，自考正也。"（班固《汉书·艺文志》）"孟春之月，群居者将散，行人振木铎徇于路，以采诗，献之大师，比其音律，以闻于天子。"（班固《汉书·食货志上》）心有灵犀的孔子一选，就得到一部《诗经》。《诗经》是匿名时代的集大成者。人类文明有各种各样的开端，从一部诗写成的经书开始，仅中国独有。"黄帝之史仓颉，见鸟兽蹄远之迹，知分理之可相别异也，初造书契。"（许慎《说文解字序》）在我看来，文的出现，就是诗的具形，文是先验之诗的升华。如果从言简意赅这种诗的最基本的特性出发，那么每个汉字都是一首诗，或者说，汉字的诞生本身就是汉语先民对诗的觉悟。"昔者仓颉作书，而天雨粟，鬼夜哭"（刘安《淮南子·本经训》），除了汉语，没有哪一种文明有过这样的记载。文的诞生，就像神的诞生一样，是一个神秘事件。黑暗时代封闭于各个地方的诗意通过文从此可以流布大地，文明开始了。

文明，以文照亮，通过语言觉悟。这种起源导致伟大的诗人在这个民族中层出不穷，世所罕见。汉是一个高潮，唐是一个高潮，宋是另一个高潮。宋以后的七百多年中，这种以文为文明最高标准的趋势逐步式微，到1840年以后，几近消失。压抑了近四千年的商族（黄河流域的古老的部落，首领叫契，契协助大禹治水有功，受封，封地为商）的文化日益发扬光大，最终席卷中国。但是，诗主导的文明已经不可逆转。历经五千年来最大的变局，文明完成了一个伟大的悖论，商人也不得不通过比商族更古老的文来申明他们的"契"。

今日，现代主义在中国建造一个全新的空间，传统中国的空间世界荡然无存。但是，文继续着，人们依然在用五千年前（在殷墟发掘的甲骨并不能视为文诞生的年代）甚至更早就出现的文命名现代。依然是先知孔子启示的真理："不学诗，无以言。"（《论语》）

中国最后一位伟大的文人出现在宋。"阴阳割昏晓"（杜甫《望岳》），苏轼就像但丁，站在文明史的阴阳线上。不同的是，但丁站在黑暗的中世纪与文艺复兴之间；而苏轼却面对着诗的黄金时代的垂暮，黑暗即将降临。他意识到这一趋势，力挽狂澜，终其一生。

* * *

暮色苍茫，一只乌鸦越过灰色的云层朝向就要沉下地平线的落日。

这是1097年宋朝的京城开封。那个时代此地还没有摩天大楼，在城市最繁华的地带，也可以看见落日和乌鸦。南宋作家孟元老在《东京梦华录》中记录过这个城市："太平日久，人物繁阜。垂髫之童，但习鼓舞；班白之老，不识干戈。时节相次，各有观赏。灯宵月夕，雪际花时，乞巧登高，教池游苑，举目则青楼画阁，绣户珠帘。雕车竞驻于天街，宝马争驰于御路。金翠耀目，罗绮飘香。新声巧笑于柳陌花衢，按管调弦于茶坊酒肆。""四野如市，往往就芳树之下，或园圃之间，罗列杯盘，相互劝酬。都城之歌儿舞女，遍满园亭，抵暮而归。"（"天长日久的太平，人们都聚集到城市里来。扎着低垂发辫的儿童应合着鼓点跳舞；白发苍苍的老人，从来没有见过武器。各种各样的节日，丰富多彩，各不相同。华灯照耀的夜晚，月亮将至的黄昏，下雪的日子，开花的时节，人们或沿着小路登高望远，或流连于公园池边。大街两旁都是青楼画阁、绣着图案的丝绸窗帘、垂着镶珍珠的帘子。雕刻着花鸟走兽的马车在街道中央走着，阳光下的屋顶和树木闪着光，满街行人身上用绫罗绸缎缝制的衣服散发着香味。阵阵笑声从花园里传来，茶馆酒楼则有一支支乐队在演奏。""郊区也很热闹，往往人们就在芳香的树下，或者园林中，摆开酒杯盘子，饮酒划拳。年轻人唱歌跳舞，直到黄昏才回家去。"）

天空、大地、人生，其乐融融。在世，生活，生活是这个世界的唯一目的，人们对生活的热爱和创造已达极至。此后的中国生活，都将以此为榜样了。

"万街千巷，尽皆繁盛浩闹。每一坊巷口……多设小影观棚子，以防本坊游人小儿相失，以引聚之……诸营班院（首都的卫队），于法不得夜游，各以竹竿出灯球于半空，远近高低，若飞星然。阡陌纵横，城阃不禁。别有深坊小巷，绣额珠帘。巧制新妆，竞夸华丽。春情荡扬，酒兴融怡。雅会幽欢，寸阴可惜。景色浩闹，不觉更阑。宝骑骎骎，香轮辘辘。五陵年少，满路行歌。万户千门，笙簧弦彻。市人卖玉梅、夜蛾、蜂儿、雪柳、菩提叶、科头圆子、拍头焦馓……卖鹌鹑骨饳儿、圆子、馓拍、白肠、水晶鲙、科头细粉、旋炒栗子、银杏、盐豉汤、鸡段、金橘、橄榄、龙眼、荔枝……"（《东京梦华录》）

"季春，万花烂漫，牡丹、芍药、棣棠、木香，种种上市。卖花者以马头竹篮铺排，歌叫之声，清奇可听。晴帘静院，晓幕高楼，宿酒未醒，好梦初觉，闻之莫不新愁易感，幽恨悬生，最一时之佳况。"（《东京梦华录》）

"自宣德东去，东角楼乃皇城东南角也。十字街南去，姜行。高头街北去，从纱行至东华门街、晨晖门、宝箓宫，直至旧酸枣门，最是铺席耍闹，宣和间展夹城牙道矣。东去乃潘楼街，街南曰鹰店，只下贩鹰鹘客，余皆真珠匹帛，香药铺席。南通一巷，谓之'界身'，并是金银彩帛交易之所。屋宇雄壮，门面广阔，望之森然。每一交易，动即千万，骇人闻见。以东街北曰潘楼酒店。其下每日自五更市合，买卖衣物书画，珍玩犀玉；至平明，羊头肚肺、赤白腰子、奶房、肚胘、鹑兔鸠鸽野味、螃蟹、蛤蜊之类；讫，方有诸手作人上市，买卖零碎作料。饭后，饮食上市，如酥蜜食、枣锢、澄砂团子、香糖果子、蜜煎雕花之类。向晚，卖河娄头面、冠梳、领抹、珍玩、动使之类。东去则徐家瓠羹店。街南桑家瓦子，近北则中瓦，次里瓦。其中大小勾栏五十余座。内中瓦子莲花棚、牡丹棚。里瓦子夜叉棚、象棚最大，可容数千人。自丁先现、王团子、张七圣辈，后来可有人于此作场。瓦中多有货药、卖卦、喝故衣、探搏、饮食、剃剪纸画、令曲之类。终日居此，不觉抵暮。"（《东京梦华录》）

这城市几乎没有闲人，生活的细节如此丰富，每个细节都是一条谋生之道。

"终日居此，不觉抵暮。"（《东京梦华录》）

　　生活就是艺术，生活就是文化。人们认为天堂就在当下、此时。生活不是对孤立观念的亦步亦趋，削足适履，而是天人合一，知行合一，形而上就在形而下中，生活世界就是教堂。"人充满劳绩，但还诗意地栖居在大地上。"（荷尔德林《人，诗意地栖居》）这些西方世界晚近才发现觉悟的真理，在宋代已经成为日常生活的实践。宋代哲人中曾经阐释过在中国文化中形而上与形而下的关系："推本而言，礼只是一个序，乐只是一个和。只此两字，含蓄多少义理。又问，礼莫是天地之序，乐莫是天地之和？曰：固是。天下无一物无礼乐。且置两只椅子，才不正便是无序。无序便乖，乖便不和。"（程颢、程颐《二程集》）"其高极乎太极无极之妙，而其实不离乎日用之间；其幽探乎阴阳五行之，而其实不离乎仁义礼智刚柔善恶之际。"（《周濂溪集》）钱穆说："中国的艺术文学，在其本质上，就可以替代宗教功用。……宋以后的文学艺术，都已平民化了，每一个平民家庭的厅堂墙壁上，总会挂有几幅字画，上面写着几句诗，或画上几根竹子，几只小鸟之类，幽雅淡泊。当你去沉默欣赏的时候，你心中自然会感觉到轻松愉快。这时候，一切富贵功名，都像化为乌有，也就没有所谓人生苦痛和不得意。甚至家庭日常使用的一只茶杯或一把茶壶，一边总有几笔画，另一边总有几句诗。甚至你晚上卧床的枕头上，也往往会绣有诗画。令人日常接触到的，尽是艺术，尽是文学，而尽已平民化了。单纯、淡泊、和平、安静，让你沉默体味，教你怡然自得。再说到房屋建筑，只要经济上稍稍过得去的家庭，他们在院子里，往往留有一块空地，栽几根竹子，凿一个小池，池里栽几株荷花，或者养几条金鱼。这种设置，看来极平常，但使你身处其间，可以自遣自适。"（《国史新论》）其实，不仅仅是画画、写诗，天人合一，中国与世界的关系就是文化的，"以言行化物，故日文明。"（苏轼《东坡易传》）这种艺术化将在场的实用和精神的寄托结合得天衣无缝。生活世界就是教堂，生活世界就是一部诗经。

* * *

那只乌鸦来自开封的御史台，这个地方是宋代的监察机构，由于御史台里种着许多柏树，乌鸦在树间筑巢，因此叫做乌台。1079年8月18日，苏轼被关进这里的监狱，乌台这个本来就有些不祥的名字第一次与诗联系起来。苏轼的被捕，在中国历史上叫做"乌台诗案"。在一首诗里，苏轼描写了他被关押在乌台的情况："去年御史府，举动触四壁。幽幽百尺井，仰天无一席。隔墙闻歌呼，自恨计之失。留诗不忍写，苦泪渍纸笔。"（《晓至巴河口迎子由》）乌台之祸，苏轼的文章诗词被大量毁掉。诗人被捕，在中国历史上并不鲜见。秦朝焚书坑儒，许多书就是诗集，许多被捕埋掉的儒生也是诗人。"比事定，重复寻理，十亡其七八矣！"（苏轼《黄州上文潞公书》）即使从幸存的少数作品看，苏轼也是一位伟大的诗人。一千年后，人们还在阅读苏轼的文章和诗篇。2000年，法国《世界报》举办了一次评选全世界"千年英雄"的活动，在东西方最近一千年产生的伟人中评出了12人，苏轼名列其中。2014年出版的初中语文课本，苏轼的《记承天寺夜游》一文灿然在目："元丰六年十月十二日夜，解衣欲睡，月色入户，欣然起行。念无与为乐者，遂至承天寺寻张怀民。怀民亦未寝，相与步于中庭。庭下如积水空明，水中藻荇交横，盖竹柏影也。何夜无月？何处无竹柏？但少闲人如吾两人者耳。"那些一放学就从口袋里掏出苹果或三星手机看微信的中学生，穿过被汽车拥堵的大街走回家去，乘电梯登楼，回到他们已经西化的房间里，在电视机、抽水马桶、煤气灶、沙发、铝合金窗子……之间，开始背诵这85个汉字。借此，他们才能找回与那个一千年前的中国世界的联系。

1056年8月，20岁的苏轼在开封府的景德寺参加举人考试，揭榜，苏轼名列第二。当时的皇帝宋仁宗在读到苏轼兄弟的考卷后，说：我为后代得到了两个宰相。苏轼就此开始了颇为辉煌的仕途生涯。在一首诗里，苏轼写道："问汝平生功业，黄州惠州儋州"（《自题金山画像》）。他没有提到开封。在他关于开封的极少几首诗里，他提到的是开封城的生活世界："上林珍木暗池台，蜀产吴包万里来。不独盘中见卢橘，时于粽里得杨梅。"（《皇太后阁六首》）

我在他逝世900年后来到开封。乌台已经重新沦为尘土，原址无法查证。在博物馆的橱窗里，元祐党人的石碑的遗照赫然在目〔元祐党人碑，宋崇宁四年，1105年，宰相蔡京主张将宋元祐年间反对王安石新法的大臣列为"元祐奸党"，宋徽宗赵佶批准。"皇帝书而刊之，置于文德殿门之东壁，永为万世臣子之戒。"（《元祐党籍碑》)后来又下令将碑文刻石传布全国，"以示后世"。〕碑上刻有309人的名字，第一名就是苏轼。开封城正在拆迁，一个全新的开封城在施工，新起的大部分是西式的楼房和小区。开封城在历史上曾经多次毁于战乱，但总是被依据经验和记忆重建。依据古代诗词和绘画中的证据推断，至少在宋以降的900年间，开封地区的建筑物大同小异，格局、材料、样式、做工、标准一直被传承，一代比一代更精致耐用。在晚清，已经流行某种巴洛克式的风格，繁琐、装饰性、富于隐喻，但依然是苏轼诗歌写到的那种格局，"对酒卷帘邀明月，风露透窗纱。恰似姮娥怜双燕，分明照、画梁斜。"（《少年游·润州作》）的世界。

在出租车里，经常看见废墟，断墙残壁，如果不明就里，还以为这是战后。一栋栋新楼，与苏轼诗歌中的世界毫不相干，仿佛为外星人所建。大规模的拆迁拆掉的不仅是一片老房子，也拆掉了开封古老的生活氛围。虽然人们也依据古代文献，试图部分重建这个城市，但是材料、空间格局、所有制完全不同。苏轼时代的开封是土木结构的，为手工打造。道法自然、日积月累的结果，建筑有自然形成的部分，也有规划的部分，私房。各家家底参差不齐，显摆露富、独占鳌头为人不齿，出头的椽子先烂。所以城市高低错落，宽窄、建制既要符合礼的秩序，也不一律抹平尊卑贵贱，更随生活之便。水井、寺庙是社区的核心，既要恪守三纲五常，尊卑有序、尊重君臣父子，也要惜老怜幼，为三百六十行、三教九流留出空间。以德为邻，互相照顾，温良恭俭让，亲和无间。"其士农工商，诸行百户，衣装各有本色，不敢越外。谓如香铺裹香人，即顶帽披背；质库掌事，即着皂衫、角带不顶帽之类。街市行人，便认得是何色目。加之人情高谊，若见外方人为都人凌欺，众必救护之。或见军铺收领到斗争公事，横身劝救，有陪酒食檐官方救之者，亦无惮也。或有从外新来邻左居住，则相借借动使，献遗汤茶，指引买卖之类。更有提茶瓶之人，每日邻里互相支茶，相问动静。凡百吉凶之家，人皆盈门。其正酒店户，见脚店三两次打酒，便敢借与三五百两银器。以至贫下人家，

就店呼酒，亦用银器供送。有连夜饮者，次日取之。"（《东京梦华录》）

就是皇室，也融入到这个生活世界中："十六日，车驾不出。自进早膳讫，登门，乐作，卷帘，御座临轩，宣万姓。先到门下者，犹得瞻见天表。小帽红袍独桌子，左右近侍，帘外伞扇执事之人。须臾下帘，则乐作，纵万姓游赏。两朵楼相对：左楼相对郓王以次彩棚幕次；右楼相对蔡太师以次执政戚里幕次。时复自楼上有金凤飞下诸幕次，宣赐不辍。"（《东京梦华录》）

新城整齐划一，切出来的豆腐块似的，以商业政治为中心，宽阔空荡，适合汽车、显要富人。过客、本地居民倒显得只是摆设了。我住的旅馆附近，就是新建的"清明上河园"，模仿着张择端的《清明上河图》，也画栋雕梁。只是失去了原图的随意、自然、彬彬有礼，终是过于坚硬、夸张、冷漠、缺乏人气。这个地方没有炊烟，没有"在灯下纳鞋的娘"，月亮也不会转朱阁，照无眠。旅游点，上班时间，许多旅游团打着旗子在里面走来走去，一下班，职工就锁门走人。只是在老城区的某些地段，残余的部分，还可以感受到昔日的生活氛围。

有家包子店里面挤满了人，人们都在吃套餐，这个套餐包括灌汤包子、鲤鱼焙面、藕片、花生糕和紫菜蛋花羹。我坐定，要了一份，某种记忆袭来，这种味道似乎存在于古老的时光，来自外祖母的锅。虽然是在开封，但仿佛回到童年时期的昆明。我记得有时候父母会带我去武城路的一家天津包子店吃狗不理，那家馆子永远被挤个水泄不通，食客甚至站在包子店外面的人行道上品尝。大家狼吞虎咽，被包子溢出的热汤烫得直是咂舌。

开封是古都，在两千七百多年的历史中，它对中国生活的影响已经成为某种口味，民以食为天。在中国，食不仅仅是填饱肚子或者营养学的精确配伍，味道中一直保持着最原始的不确定性、神秘主义。人们即使不爱智，也能从对味道的品味中觉悟"道"。吃是活着，味道则是生活。开封幸存的也许只剩下味道了，味道比仿古建筑更令人接近古老的开封。建筑可以拆迁，风景可以改造，但是通过一只只灶秘传下来的口味是无法拆迁的。人们也许在最严峻的时代三缄其口，但禁制永远无法管辖到遗传、调味、火候、手艺，无法规范大米、麦面、盐巴、胡椒……的配方。许多古老的美味传布他乡，已经模糊，改头换面，面目全非，但只要来到开封，立即觉悟，这才是那美味源头。开封的口味不像今日许多名菜那样过度烹调，刁钻古怪地美化，只为着面子的光鲜亮丽，排场的奢豪讲究，也不是野怪黑乱草草了事。开封的口味有一种中正素朴典雅而又平易近人的市井风格。古典时代的意识形态早已烟消云散，只有那些能够生生、止于至善者"随风潜入夜，润物细无声"（杜甫《春夜喜雨》），成为日常生活世界的庸常风俗。

市井一词，在我们时代暗含贬义，生活就是庸俗，甚至罪行。20世纪，故乡批判盛行，"生活在别处"是20世纪以来中国思想的主流，在"文革"达到极端。在中国，否定天必然否定人，观念的革命必然导致生活的颠覆，否定文化必然摧毁生活世界。天人合一就是一，不是天是天，人是人。不像它种文明，形而上——观念与形而下——生活世界是分开的。20世纪流行的故乡批判的后果我们已经看到，中国有形的故乡已经成为抽象的乡愁。在苏轼时代，市井却是生活的天堂，后世总结的"上有天堂，下有苏杭"的苏杭，就是中国最伟大的市井。孟元老如此描写开封的市井："集四海之珍奇，皆归市易；会寰区之异味，悉在庖厨。""夜市直至三更尽，才五更又复开张。如要闹去处，通晓不绝。""正月一日年节，开封府放关扑三日。士庶自早，互相庆贺，坊巷以食物、动使、果实、柴炭之类，歌叫关扑。如马行、潘楼街、州东宋门外，州西梁门外踊路，州北封丘门外及州南一带，皆结彩棚，铺陈冠梳、珠翠、头面、衣着、花朵、领抹、靴鞋、玩好之类。间列舞场歌馆，车马交驰。向晚，贵家妇女纵赏关赌，入场观看，入市店饮宴，惯习成风，不相笑讶。至寒食冬至三日亦如此。小民虽贫者，亦须新洁衣服，把酒相酬尔。"（《东京梦华录》）

＊　＊　＊

相国寺还在，一位三轮车夫拉着我去，这里依然是一个精神世界的实用去处。香客们不是来旅游，参观文物古迹，只是来上香，有一种古老的气氛。一位和尚在为新殿集资，办法是香客交给寺院一百元钱，就将他的名字刻在一片瓦上，日后这片瓦就可以安装在大殿的屋顶。有位香客捐了一百元，他一定要刻字的和尚当着他的面马上将名字刻上去，他担心和尚只是收钱，不留名。他相信菩萨，但不相信和尚。在阴沉的天空下，寺院显得肥大空寂，庄严而犹豫，有几个方头大脸的和尚走过。孟元老说：从前"相国寺每月五次开放，万姓交易。大三门上皆是飞禽猫犬之类，珍禽奇兽，无所不有。第二、三门皆动用什物。庭中设彩幕露屋义铺，卖蒲合簟席、屏帏洗漱、鞍辔弓剑、时果脯腊之类。近佛殿，孟家道冠、王道人蜜煎、赵文秀笔及潘谷墨。占定两廊，皆诸寺师姑卖绣作、领抹、花朵、珠翠、头面、生色销金花样、幞头、帽子、特髻冠子、绦线之类。殿后资圣门前，皆书籍、玩好、图画及诸路罢任官员土物香药之类。后廊皆日者货术、传神之类。寺三门阁上并资圣门，各有金铜铸罗汉五百尊、佛牙等，凡有斋供，皆取旨方开。三门左右有两瓶琉璃塔，寺内有智海、惠林、宝梵、河沙。东西塔院，乃出角院舍，各有住持僧官。每遇斋会，凡饮食茶果，动使器皿，虽三五百分，莫不咄嗟而办。大殿两廊，皆国朝名公笔迹，左壁画炽盛光佛降九曜鬼百戏，右壁佛降鬼子母揭盂。殿庭供献乐部马队之类。大殿朵廊，皆壁隐楼殿人物，莫非精妙。"（《东京梦华录》）

开封铁塔是幸存不多的宋代遗物，始建于1049年。建塔十年后，苏轼从四川眉山来到开封。据日本僧人成寻在《参天台五台山记》中记载，塔落成于宋神宗熙宁年间的后期（1073年至1077年之间）。我听说这是一座铁塔，走到跟前，才发现它并非铸铁之塔，乃是砖砌的，外面覆盖着铁色的琉璃雕砖，铸铁般的沉稳厚重。这里还看得见落日，正对着铁塔滑落下去。就是在黑暗中，这个塔也很醒目，它比黑暗更深。黑塔上空，星光灿烂。我想象着这个景象，但没看见几颗星子，空气太浓。

洛阳也在拆迁。老街的后面，推土机示威般地举着黄色的钢臂。只有文字，依然是苏轼使用过的那种文字，超现实般地出现在最新潮的电子广告上。洛阳博物馆正在举办商周青铜器的专题展。难得一见的青铜祭器"何尊"出现在一个玻璃柜里，这是公元前1055—前1021年西周成王时期制作的。考古专家说，这是"中国"这两个字第一次组合出现在古代的铭文中，铭文有"余其宅兹中国"，意思大约是，我的家（成周这个地方）就是中国（这里的中国是中心的意思）。铭文中也有"文"这个字，出现了两次，都是与"王"一起使用"克逑文王"（追随文王）"文王受兹命"（文王受天命）。文王是一种什么王？古往今来，世界之王浩荡衮衮，文王仅中国独有。文王，文在前，王在后，这是一个深刻的顺序。王如果意味着权力的话，也是在文的指引、领导下。"观乎人文，以化成天下。"（《易经》）"《记》曰：'文王以文理。'则文之用大矣哉！"（白居易《策林》）苏轼说："文起八代之衰，道济天下之溺。"（《潮州韩文公庙碑》）"文"这个字诞生以来一直在汉语中被频繁地使用。文明，以文照亮。作为名词，文是文教、文章、文明、文化、文人、文豪、文庙、文物、文笔、文雅……作为动词，文可以文身、文体、文人、文无、文物、文艺、文治、文德、文誉、文练、文王、文笔……也可以文过饰非。文质彬彬是文的最高境界，"文"这个字甚至被用于神名，文昌星、文魁星。

在苏轼故乡眉山县的连鳌山中，有一块棕红色砂岩的巨大石块躺在山岗上，就像苏格兰荒野巨石阵中的一块。石面上写着"连鳌山"三个字，"连"字长3.15米，宽3.2米；"鳌"字长3.5米，宽3.2米；"山"字长3.2米，宽3米，每个字的深度约0.1米。孤零零的三个巨字，没有落名，仿佛陨石自天而降。三个大字为石头文身，令这石头遗世独立，超越于这个地区。不知是谁凿的，字体有苏轼的风格，乡人坚持认为就是苏东坡写的。巨石为大地的花朵所环绕，花朵由松树、橙子、枣树、山芋、柑橘等组成，就像是陵墓。意味深长，只有文字陪伴着大地，其他无影无踪。

"惟文字庶几不与草木同腐，故决意为之。"（苏轼《答孙志康书》）

* * *

19岁时，我第一次读苏轼的文章《前赤壁赋》，这是中国经典《古文观止》中的一篇。从前，这本书每个知识分子不仅要读，而且要背得滚瓜烂熟。我至今依然记得《前赤壁赋》给我的那种洗礼般的感受。那是1975年，"文革"的末期，中国历史上另一个"焚书坑儒"的时代。我亲眼目睹图书馆在燃烧，我的语文教师被红卫兵带走。我记得小学五年级第一天上课，我的教科书只剩下一本：红色封面的《毛主席语录》。那是个喧嚣的时代，大街上到处是高音喇叭。时代号召破旧立新，改天换地，传统中国"道法自然"的思想声名狼藉、沦入黑暗。某一天，一篇古文，越过千年，深入到我的内心，永远地改变了我的世界观。这篇文章如此安静，就像远古的河流，明澈、朴素而深邃、坚定、自信，彰显着那些古老的真理。真是一个荒诞的时刻，我竟然通过秘密的地下渠道，得到苏轼的《前赤壁赋》。当我翻开这中国圣经之一的时候，我的窗外的围墙上，贴着"与天斗，其乐无穷；与地斗，其乐无穷；与人斗，其乐无穷！"的标语。"且夫天地之间，物各有主，苟非吾之所有，虽一毫而莫取。惟江上之清风，与山间之明月，耳得之而为声，目遇之而成色，取之无禁，用之不竭，是造物者之无尽藏也，而吾与子之所共适。"我青年时代的理直气壮、目空一切即刻在这位一千年前的作者的汉语面前轰然倒塌。不用知道作者是谁，你立即被这圣经式的不容置疑的朴素语词、行云流水般的语感、大地般的充实自在，被它穿越时空的真理性所感动、慑服。这就是圣经。如果人们迷惘于自己时代的各种异端邪说的话，那么一旦读到这篇文章，他们就会幡然觉悟。当我读完这篇文章后，我青年时代摇摆不定的世界观清晰了，确定了，永远不可动摇了。

我大略浏览了一千年来关于苏轼的文章、传记、逸事等等，历史试图塑造一部苏轼传奇，流放者、直谏之臣、坚贞不二的丈夫、慈祥的兄长等等，我则对苏轼如何作为中国中世纪的最后一位文人更感兴趣。自从苏轼以后，文人的声誉一落千丈。顾炎武曾经说："士当以器识为先，一为文人，无足观矣。"（《与人书十八》）到今天，文人已成贬义词。"文，错画也。象交文。今字作纹。"（许慎《说文解字》）文字，中国独有，它也许来自萨满时代的文身、占卜、记事符号，"文者物象之本"（许慎《说文解字》）。文字是音、象、意义三者合一的符号，与拼音完全不同。文不仅是个名词，也是一个动词。"周监于三代，郁郁乎文哉"（孔子《论语》）。与其他民族的"神明"不同，中国是文明。文明，就是用文来启蒙、照亮黑暗。身是黑暗的，通过文身，人才进入"仁者人也"（孔子《论语》）。人之初先验的仁心，只有在文诞生后才能确立、彰显。文章为天地立心，文是一种立。就像宗教那样，文赋予世界说法、意义、解释、秩序、标记……文为身定位，创造世界，在身和世界之间建构着有无相生、知白守黑、阴阳变化、连物无伤、审美的、超越性的在世、在场的关系。这种关系导致对世界的不同解释、不同价值观、不同图腾、不同立场之间的彼此尊重、和而不同的自由主义秩序。文不是关于世界的观念，文一直保持着文身这个原始姿势，文是明，照明，文明。

在中国，人皆可以为尧舜。"文"为一切众生敞开了超凡入圣的大道。"子贡问曰：孔文子何以谓之'文'也？子曰：'敏而好学，不耻下问，是以谓之文也。'""文质彬彬，然后君子。"（孔子《论语》）文在中国，是一种宗教式的生活方式，生活尺度。那些不朽的文章就是文教的圣经。通过文，超凡成圣就不是教堂里的有限位子，而是敞开在每个肉体凡胎面前的康庄大道。文人是文身这个动作的实施者，文人在远古时代就是萨满、巫师。"博闻强志，明于治乱，娴于辞令。入则与王图议国事，以出号令。出则接遇宾客，应对诸侯。"（司马迁《屈原列传》）"笔落惊风雨，诗成泣鬼神。"（杜甫《寄李十二白二十韵》）

后代人研究苏轼，常常会发现，他正是一个经典的文人。作家林语堂评论他说："一个无可救药的乐天派、一个伟大的人道主义者、一个百姓的朋友、一个大文豪、大书法家、创新的画家、造酒试验家、一个工程师、一个憎恨清教徒主义的人、一位瑜伽修行者佛教徒、巨儒政治家、一个皇帝的秘书、酒仙、厚道的法官、一位在政治上专唱反调的人。一个月夜徘徊者、一个诗人、一个小丑。"（《苏东坡传》）生命就是一篇文章。文在苏轼这里，是贯穿其整个生命的动词，以生命为世界文身，无所不文。苏轼的传记不会是《水浒传》那样的传奇，却具有普鲁斯特《追忆逝水年华》式的庸常性，虽然他的一生有过大起大落的遭遇，但这个生命的真正意义却来自那些关于日常生活的尺牍、以文为诗的诗篇、来自这样的世界观："万物皆有常形，惟水不然……惟无常形，是以迩物而无伤。"（万物都有固定的形状，只有水没有……因为没固定的形状，所以侵入事物却不会伤害它。）（苏轼《东坡易传》）苏轼是中国文明的黄金时代产生的最伟大、最经典的文人之一，也是最后的文人。对于他，文不是观念，而是一个动词，一生的行动、事件、文章。宋以降，文人这种源自巫君合一时代的、诗性的"通"的传统开始走向没落。文人不再是为世界文身的通才，文分裂成各种独立的专业，诗人、小说家、书法家、散文家等等，再未出现过可以与苏轼比肩的文人。

千年后，乌台诗案的受难者已经成为一位中国圣人。其实在世的时候，他就已经被视为圣人了。他的朋友黄庭坚在他的一幅作品后面写道："东坡此诗似李太白，犹恐太白有未到处。此书兼颜鲁公、杨少师、李西台笔意，试使东坡复为之，未必及此。它日东坡或见此书，应笑我于无佛处称尊也。"（《跋东坡书寒食诗》）

有一个伟大的故事：苏轼因乌台诗案被流放到惠州，与在中原的家人音信隔绝。住在苏州的儿子苏迈忧愁焦虑，苏轼的朋友，苏州定慧院学佛者契顺对苏迈说，"子何忧之甚，惠州不在天上，行即到耳，当为子将书问之。"绍圣三年三月二日，契顺步行半年，"涉江度岭，徒行露宿，僵仆瘴雾，黧面茧足以至惠州"。得到苏轼的家信后，就要返回。苏轼要答谢他，契顺说："契顺惟无所求，而后来惠州。若有所求，当走都下（京都）矣。"苏轼再三说要谢他。契顺说：从前蔡明远只是鄱阳的一个校官，颜真卿被困在江淮，没有粮食吃，蔡明远背着米去周济颜真卿。颜真卿很感激，就写了一幅字给他，"天下至今知有明远也"。"今契顺虽无米与公，然区区万里之勤，倘可以援明远例，得数字乎？"苏轼"欣然许之，独愧名节之重，字画之好，不逮鲁公。故为书渊明《归去来词》以遗之，庶几契顺托此文以不朽也。"契顺，像一位前往拉萨朝圣的苦行僧一步一叩那样，"涉江度岭，徒行露宿，僵仆瘴雾，黧面茧足"（苏轼《书〈归去来辞〉赠契顺》），只是为了见到苏轼一面，得到他的几个字。

＊ ＊ ＊

四十多年来，朝拜苏轼的故乡一直是我的夙愿。我父亲也一再敦促我，回四川老家的时候，要去江油，要去眉山，要去杜甫草堂。他出生在四川省的资阳，是中国浩瀚如繁星的古典诗词爱好者和作者中的一员。是的，有一天得去看看。2014年的秋天，当我前往苏轼家乡眉山的时候，我的心情与一个即将前往拉萨的香客无异。

说到朝圣，人们不由自主地会仰望茫茫太空，似乎圣贤们是来自那里，某个不可见、无法企及的高处。人们备感惊讶，朝圣之路，一方面已经高度抽象，成为文明的精神遗产，不朽的经典，在图书馆束之高阁；甚至匿名，成为颠扑不破，放之四海而皆准的真理、箴言、教条，在大教堂的穹顶下被信徒们不明其义地念诵；在寺院、祠堂成为有名无实的牌位，供人们顶礼膜拜的塑像。而另一方面，朝圣的道路总是结结实实地蜿蜒在大地上，无论那是耶路撒冷、麦加、梵蒂冈、瓦拉纳西还是曲阜、秭归、江油……人们必须越过河流、山岗、树木、村庄、果园、集镇、城市、最后抵达某个地址。圣人不是从天而降的超凡绝世的不可见者，只可想象虚构的无形者，大地上总是可以找到一条路，直抵圣人出处。后代人总是要前往那些圣贤的故乡，眺望天空，嗅索土地，望着某棵古树发呆，饮用某口老井中的清水，抚摸某些石头、梁子、什物、甚至品尝某些食物，一探究竟。这些超凡入圣者是怎么达到的，是什么东西孕育了他们。他们固然迷信天启，但也相信出处。天机不可泄露，但出处是可以抵达的。后代总是能根据大地重返某位先贤的源头、故乡、地点。也许那个圣地在千秋万代之后，面目全非，原址随风而去，但那块地还在，天空还在，盐巴还在；某种诞生过圣者的气象、氛围、土色、味道、日光、星光……还在；马厩还在、苹果树还在、葡萄园还在；菩提树、大象、沙子、河流还在；"明月夜，短松冈"（苏轼《江城子》）还在；"春江水暖鸭先知"（苏轼《惠崇春江晚景》）还在；"缺月挂疏桐"（苏轼《卜算子》）还在；"少焉，月出于东山之上"（苏轼《前赤壁赋》）"木叶尽脱，人影在地"（苏轼《后赤壁赋》）还在……是的，哪怕只是一片废墟，还是可以看见某粒种子即将发芽，一切都结束了，而诞生这件事远未完结。生生之谓易，无论何等的伟大神圣，都来自一粒大地上的种子。地方，令后代永远心存侥幸：既生瑜，必生亮。

在苏轼的家乡，四川省的眉山县，有人指着一条河流边上的浅滩告诉我，这就是岷江。看哪，这就是那位作者从前渡河的岸！我立即卷起裤脚，准备涉水而过。她惊叫道，水深！2014年8月的一天，这条河依然像苏轼时代那样流着，并没有什么异常，还是河流经过坝区丘陵那种平缓迟钝却深蕴玄机的样子。带我来到岷江边的是眉山县旅游局的小徐，她以与苏轼同乡而自豪。她告诉我，她舅舅也热爱苏轼，擅长作曲，已经花了几年的时间将苏轼的全部词都谱成了曲，自己刻制成CD。此时，岷江的浅滩边正停着一艘灰色渡轮，几位坐在船舱里的渡客看见我们过来，以为也要过江，就挪了挪身子，让出一个空位。

秋天，刚刚下过一场雨，万物湿漉漉的，玉米地、南瓜、柑橘、牵牛花、稻田、河滩上的鹅卵石以及这艘铁皮打造的用柴油发动机驱动的渡轮都湿漉漉的。岷江也是湿漉漉的，它自然是水，秋天雨水再次淋湿了它。我没有过江，不用过去，"天寒尚有沙痕在"（苏轼《游金山寺》），世界还是苏轼写过的那种经验："沙湖道中遇雨。雨具先去，同行皆狼狈，余独不觉，已而遂晴。""微冷，山头斜照却相迎。回首向来萧瑟处，归去，也无风雨也无晴。"（苏轼《定风波》）

* * *

1037年1月8日，苏轼诞生在眉山的一块地上，"我家江水初发源，宦游直送江入海。闻道潮头一丈高，天寒尚有沙痕在。"（苏轼《游金山寺》）眉山位于四川盆地成都平原西南部，岷江的中游。古称眉州，两宋期间，共有886人考取进士，史称"八百进士"，是中国历史上著名的"进士之乡"。这是一块好地啊！秋天再次登场，地面凉下来，"山川随望阔，气候带霜清"。（苏洵《游嘉州龙岩》）如果忽略大地上那些局部的变化的话，眉山的初秋，还是可以感受到苏轼的父亲苏洵诗句中的那种远古的氛围。依然是河流在大地中间，两岸展开着平野、丘陵、树林、乡村，鹭鸶扬腿飞过芦苇。稻草又在田野上堆起来了，农民在场上掼谷子，唱歌般地高举着稻穗。却也令人惆怅，这秋天已失去从前那个轰轰烈烈、排山倒海、一望无际的黄金大地。大地正在被各式各样的建筑物、圈地运动蚕食着。大地的经济化席卷中国，眉山地面也大面积地种植了能够迅速致富的反季节作物。稻田萎缩，看不见一头牛，传统的秋天已经支离破碎，苏轼诗歌中的大地只能在想象中去连缀、修补。

在苏轼的时代，中国是个巨大的乡村，像那个时代的大多数婴儿一样，苏轼生于乡间。他和亲爱的弟弟经常在大地上漫游，苏辙曾回忆道："昔余少年，从子瞻游，有山可登，有水可浮，子瞻未始不褰裳先之。"（《武昌九曲亭记》）"大块假我以文章。"（李白《春夜宴桃李园序》）苏轼第一次读到庄子的书，"喟然叹息曰：'吾昔有见于中，口未能言。今见《庄子》，得吾心矣！'"（苏辙《亡兄子瞻端明墓志铭》）他先在大地文章中感悟到庄子的真谛，然后才读到庄子的文章。有一本诗集《庆历圣德诗》流传到他的家乡，苏轼读后，就问老师书里的作者韩愈、杜甫等人的情况。老师很奇怪，苏轼说：我很想认识他们啊！宋史说：苏轼"盖已有颉颃当世贤哲之意。"

2015年的眉山城，苏东坡名字无所不在，各种各样的东坡酒店、东坡饭店、东坡客栈……招牌上、广告中、墙上、出租汽车上到处可见苏东坡三字。我住的宾馆里，从前为政要手迹所占据的大堂正壁上，迎面扑来的是苏东坡手迹的复制品：《水调歌头·明月几时有》。

苏轼一家后来搬到城里，"公年十一，僦（租赁）居纱縠（音hú）行宅。读书于南轩。"（清·王文诰《苏文忠公诗编注集成》）

纱縠行南街的苏轼故居现在是三苏祠。眉山的三苏祠是中国文明的圣地之一，这个祠堂供奉着苏洵苏轼苏辙父子三人像龛，他们都是出生在眉山的伟大作者。在清朝选家吴楚材、吴调侯的一个著名选本《古文观止》中，苏轼父子三人的文章都被选入，苏洵四篇，苏轼十七篇，苏辙三篇，这个选本至今是中国的经典之一。从前，苏轼家也是寻常百姓，由于这家父子三人文章千古，因此超凡入圣，纱縠行南街的老宅成了圣地，一直被人们顶礼膜拜。史料说，苏宅在元代改为祠堂，此后各代一直在保持、维修、重修。明洪武二十九年重修三苏祠。明嘉靖九年，扩建三苏祠。清康熙五十四年，眉州知州黄元煐重修三苏祠。嘉庆十一年，三苏祠复置三苏父子像龛三座。嘉庆十八年，知州赵来震对三苏祠大修。咸丰三年，增修快雨亭。书法家何绍基任四川学政使，来眉山监考举子。到三苏祠拜谒，遇雨，遂命亭为快雨亭，手书匾额。同治九年，增修三苏祠大门、耳房。光绪元年，四川督学使张之洞倡建云屿楼、抱月亭、绿洲亭。光绪二十四年，眉山人将披风榭重建于三苏祠。民国八年，眉山驻军旅长陈国栋筹资对三苏祠大修。民国十七年，眉山地方官绅集议拓建三苏祠，增修南大门、百坡亭、式苏轩、半潭秋水一房山、船坞、彩画舫等，并修甬道、小桥。国民政府主席林森为"三苏公园"题匾。民国二十五年六月，四川省善后督办刘为立"保护三苏祠布告碑"；七月，四川省政府主席刘湘立"保护三苏祠布告碑"；八月，国民政府军事委员会委员长蒋中正签署"保护三苏祠布告碑"立于三苏祠。2006年，三苏祠被国务院公布为第六批全国重点保护单位。2014年，眉山市政府拨款八千万，再次重修三苏祠。

三苏父子的灵位前，日日供着高香、红烛、果蔬。维修三苏祠的工人正在回廊下拍打麻筋，混入棉花、麻线、石粉、糯米等等，经过长时间的捶打，成为一种黏合剂，用来泥缝使砖瓦黏结，"为什么不用水泥呢，啊呀，这是苏东坡的祠堂哪，以前都是这么做的。""比水泥还牢呢"，工人用苏轼的乡音说。历朝历代修复或重建苏祠，人们总是依据原样，以同样的土木结构、砖瓦、麻筋、同样的雕梁画栋，各时代或许风格稍变，但基本的东西从未改变。故国神游，人们很难想象苏东坡的家不是土木结构的，不是画栋雕梁的，不是鸟语花香的，很难想象他家没有中堂、厢房，没有太师椅，没有文房四宝，没有假山奇石，没有茂林修竹、流觞曲水、丝竹管弦……走进苏祠，瞬间就会感到，此地与外面眉州市的水泥建筑群完全不同，世界变了，一种古老的美重新归来。

世界上大多数圣殿都追求某种神圣庄严宏伟的风格，三苏祠不是一座教堂之类的建筑。乡人献给文忠公（宋高宗即位后，追赠苏轼为太师，谥为"文忠公"）的是一座生机勃勃、美丽灵动的花园。春色与秋光同在，青石共紫檀一室。茂林修竹，花繁叶茂，祠堂掩映在绿荫之中，用何子贞写的"快雨亭"三字刻的匾露出一角。池塘里的荷花还在开着，白鹭在洗脚，看见人来，拔腿就跑。人们将眉山地面上最美好的东西都献给苏祠，献上银杏树，献上黄桷树，献上罗汉松，献上海棠，献上桂花，献上荷花，献上紫薇，献上蝴蝶，献上梅花，献上竹林，献上喜鹊，献上昆虫，献上池塘，献上金鱼，献上石头，献上楼台亭阁，献上第一流的书法，献上第一流的对联，献上四季，献上"月白风清，如此良夜何？"（苏轼《后赤壁赋》）……

人们建造花园而不是神坛来感激这位尊者，这个花园也就是苏轼父子作品词汇的集合。"世事万端，皆不足介意。所谓自娱者，亦非世俗之乐，但胸中廓然无一物，即天壤之内，山川草木虫鱼之类，皆是供吾家乐事也。"（苏轼《与子明兄书》）苏轼是一位大地诗人，读他的诗，就像跟着一位神灵在大地上漫游，良夜、清风、白日、山岗……古老的真理被苏轼再次新鲜生动丰富微妙地说出，他在他自己的时代用一种新的语言复活了真理，人们可以通过自己当下在世的生活经验来印证。如果他的文章是一座随处都可以生长的花园，那么他们也可以为自己的人生造一座。苏轼的文章令世人像皈依宗教那样大觉大悟，牢记世界之出处，生命之意义，总是感激、热爱着生活。

这个花园的核心是一口井，一代代邻居都说这是苏洵开掘的，是他们一家从前天天要喝的水。这口井可以信任，最近一千年来，纱縠行南街从未遭遇战乱，人们没有颠沛流离之苦。而这口井的源头在大地深处，各时代斗转星移，乡土还是乡土，井水还是井水。井口被一个覆满苍苔的石甃围着，井口边围着几棵老树。我不禁想起菩提伽耶，佛陀觉悟之地，人们将一棵菩提树视为圣迹。

邻居们并没有因为苏家老宅超凡入圣而退避三舍，与三苏祠一墙之隔，立即可以看见苏家的邻居们躺在藤椅上纳凉、打麻将、喝茶、喝豆花……附近的一家饭馆的招牌菜是东坡肉，走进去，撸撸袖子坐下，要一份来品尝。一个猪肘子，被文火炖得稀烂，大量的蒜子、花椒、酱油，油红肉香，一块下肚，立即与世界和解，还恨谁去哪！在知识分子中，苏轼是一位非凡的诗人，但在民间，许多人也许一生都未读过一首宋词，但他们知道东坡肉。这碗肉的味道好生熟悉，就想起来，这不就是我父亲的那道拿手好菜"蒜烧肘子"吗，"……慢着火，少着水，火候足时他自美。"（苏轼《炖肉歌》）我父亲就是这样烧的。

我老家在沱江畔的资阳。岷江沱江是一个水系，都是长江的支流。所谓东坡肉，不过是四川地面的家常菜罢了，苏东坡的母亲应该会做。天不变，道亦不变，味道也不会变。道不是抽象的观念，它可以具体到一道菜的烧制。屈原、苏轼这些招魂之徒、语言大师，一方面创造了汉文明最玄奥的形而上世界；另一方面，这种形而上又总是牢牢地植根于日常生活，植根于粽子、菖蒲、赛龙舟、东坡肉……高人百姓，可以从文章诗篇得"道"，也可以从坛坛罐罐、美味佳肴中味"道"。服务生见我们喜欢他们的菜，就赠送一盘，抬来，白生生的一盘莲花白，酸得恰好。他说，这是东坡泡菜，又告诉我，眉山还有泡菜博物馆。恐怕是世界上唯一的一个吧。

＊　＊　＊

岷江的干流玻璃江还在，蟆颐山也在，山上的树木垂垂老迈，但依然活着，沉郁肃穆。建于唐开元年间蟆颐观也还矗立在江边的山崖上。民间传说，当年苏洵到蟆颐观烧香求子，回到家里做了一个梦，有仙人挥袖一弹，将两个弹子弹给他。不久，便得了苏轼苏辙兄弟二人。建筑自然不是苏洵来过的那个建筑了，但是守住了原址、格局、样式。新筑用了水泥钢筋，但依然是飞檐斗拱、曲径通幽。甚至，也还住着道士。一个年轻人，30多岁的样子。束发，白衣、布鞋，飘然而至，请我们上座，喝茶。说，茶就是求真。他的茶得自老挝。老挝人不太喝茶，茶很少有人采，都是远古的真叶。又将一块普洱放进杯中，先前硬得刀子都撬不动的黑砖即刻散了，逐渐变回本色，将绿未绿。道士说，看嘛，是不是，颜色马上变回去了。百年的茶砖，都会这样，这就是活生生的返璞归真嘛！说得是。老挝茶相当涩，道士问，有没有出汗，确实微微出了点汗。"出汗才好，说明血脉是通的。"见我们一言不发，只是品茶，道士又说，知者不言，言者不知，诸位长者是知啊。临了，送出门，走了几步，拱手，就不见了。路边有个木牌，上面写着"苏洵求子处"。看得出，许多人来这里跪过。在《后赤壁赋》中，苏东坡写道，"梦一道士，羽衣蹁跹，过临皋之下，揖予而言曰：'赤壁之游乐乎？'问其姓名，俯而不答。'呜呼！噫嘻！我知之矣。畴昔之夜，飞鸣而过我者，非子也邪？'道士顾笑，予亦惊寤。开户视之，不见其处。"

在苏轼时代，大地上万物有灵，人们战战兢兢，不敢在大地上轻举妄动。苏轼写过许多祭祀山川土地之神的祭文，其中一篇甚至是在梦中为牛神写的。"予在黄州，梦黑肥吏，以一幅纸，请《祭春牛文》。却之（推却）不可。云，'欲得一佳文。'予笑而从之，云：'三阳（冬至一阳生，阴历十二月二阳生，立春为三阳生）既至，庶草将兴。爰（于是）出土牛（牛神），以戒（训诫）农事。衣被丹青之好（牛神是彩绘文身的），本出泥涂；成毁须臾之间，谁为喜愠。'傍有一吏云："此两句，会有愠者（不高兴）。'其一云：'不害。'久已忘之。参寥（苏轼的朋友，诗僧）能具道（全部背诵出来），乃复录之，今岁立春，便可用也。"（《东坡志林》）

就是今天，在经历过"文革"那场疯狂的渎神运动之后，眉山民间依然暗暗地敬畏着神灵。三苏乡的千佛寺在三峰山下，历史可以追溯的隋唐时期，《蜀故》（清·彭遵泗）说"三峰山有东坡读书处"。1963年此地修水库，位于山脚的寺院沉入水中。上世纪80年代人们又在山顶重建了寺庙。前往寺院要乘船渡过水库，渡口有一条修水库时留下的公路，停着几辆汽车，车头都向着水库对岸的千佛寺。汽车上挂着红带子，满地的鞭炮屑、还烧了香。一问，才知道当地人买了新车，都要开到这里来驱邪，祈求神灵保佑一路平安。汽车被视为邪物。司机说，做了这个仪式，才不会出车祸。我们到达的时候，已经是下午5点，一潭碧水，远远地浮着一座朱红色的小庙，仿佛正在飘来。寺庙关着门，庙门外停着一艘小船。隔水喊了两声，没有动静，正叹没有缘分，要离开。门忽然开了，一穿着红色袍子的老者走下湖边，解了船。到得近前，才看出是一位尼姑，跟着她上了岸。寺院很简朴，规模不大，长着树，开着花，住着鸟。正殿前面的空处，种着山芋，后面的山坡上排列着千尊水泥塑的佛像，漆光闪闪。神龛上有一个佛像与众不同，黑沉沉的，雕得古朴端庄。老尼说，这是水库水位下降时捡到的。我以为此地相当偏僻，站在高处才发现，绕过水库，掩映着寺院的林子后面，就是新修的高速公路，这个世外桃源已经被包围，其实是一个孤岛。千佛寺原址就在水库下面，岩壁上有上千座摩崖佛像。汶川地震后，水库漏水，抽干水修补，摩崖重现。当地人大惊，"水底还会冒出佛像？"他们完全忘记了祖先们留下的这些摩崖造像。报道说："8月初，一位村民致电记者：'我们这里的水库边上有好多佛像。'，'7月的一天，我像往常一样外出干活，路过这里的时候突然发现，岩壁上多出了许多佛像，当时把我吓坏了。'"

"故乡飘已远，往意浩无边。"（苏轼《初发嘉州》）1056年，苏轼跟着父亲苏洵，带着家眷仆人，离开家乡。一队人马浩浩荡荡，一面赶路，一面写诗，过成都，经阆中，出褒斜谷，过长安、渑池，于5月到达京师开封。

自从孔子宣布"周监于二代，郁郁乎文哉，吾从周"（《论语》）之后，以诗为核心的文一直在中国扮演着宗教角色，文像神灵一样领导着中国。宋代推崇的是"文治"，这是文明的黄金时代，陈寅恪先生说"华夏民族之文化，历数千载之演进，造极于赵宋之世。"（《邓广铭宋史职官志考证序》）

苏轼的父亲苏洵少年时"不喜学，年已壮，犹不知书。"到了27岁，"始大发愤，谢其素所往来少年，闭户读书为文辞。"（欧阳修《老苏先生墓志铭》）"士生于世，治气养心，无恶于身。推是以施之人（将自己的美好德行传给他人），不为苟生；不幸不用（不幸没有得到知音），犹当以其所知，著之翰墨（写下诗文），使人有闻焉（使天下人知道苏洵的立场）。"（苏辙《历代论引》）后来，苏洵参加科举，没有考取，退而叹曰："此不足为吾学也。"就把他为参加科举而写的文章烧了。"闭户读书，绝笔不为文辞者五六年。乃大究六经、百家之说，以考质（考察质证）古今治乱成败、圣贤穷达出处之际。"过了几年，才说：可以动笔啦！"下笔顷刻数千言。"（欧阳修《老苏先生墓志铭》）益州知州张方平镇（主政）蜀时，"访知苏洵"，推荐苏洵任成都学官。雅州知州雷简夫读到苏洵的《洪范论》，相见恨晚。致书张方平，称苏洵"岂惟西南之秀，乃天下之奇才"（《上张文定书》）。张方平、雷简夫又向当时住在开封的文坛领袖欧阳修推荐苏洵的文章。"永叔（欧阳修）一见，大称叹，目为孙卿子（荀子），献其书于朝（朝廷）。""自是名动天下，士争传诵其文"。（张方平《文安先生墓表》）当苏洵终于有能力和机会获取功名进入仕途的时候，却采取一种老庄式的人生态度。做官的朋友雷简夫来信，说朝廷将召试苏洵舍人院，召命下来，苏洵拒不赴试，说是："惟其平生不能区区附和有司（官方）之尺度，是以至此穷困。今乃以五十衰病之身，奔走万里以就试，不亦为山林之士（民间人士）所轻笑哉！"（《与梅圣俞书》）

* * *

苏轼的母亲是青神县进士大理寺丞程文应的女儿，她是才女，诗书琴画皆通，18岁嫁给苏洵，她对丈夫说，你要是有志学习上进的话，我一生受累都可以。青神县以崇祀"青衣而教民农桑，民皆神之"的蚕丛氏而得名。苏轼少年时读书的中岩寺还在，寺在岷江边上，沿山而建，有摩崖，草木葱茏，气象非凡。据说苏轼曾在此与妻子王弗订婚。山崖上殿宇森然，大河就在诸山脚下。夏天的洪流使江面再次波澜起伏，苍天巨涌。一群燕子低回在江面，水流呈现出一种磨盘转动的速度，仿佛青灰色的天空是一匹巨大的驴子。恍惚看见，那位伟大的作者正卷着裤脚，在彼岸的热雾中走着。

　　中岩寺旁边是汉阳镇。仿佛被洪流卷到岸上的宝石，这个小镇没有跟着时代潮流焕然一新，而是在一条凸凹不平的乡间公路的尽头守着旧。镇上的打铁铺依然火光熊熊，从渡口入镇的第一间房子就是。铁匠已经不用大锤，脚踩一座被工业革命抛弃了的老式小型汽锤，嘣嘣响着，铁匠满面红光，油汗淋淋。他的女人担任助手，蹲在一旁在砂轮上为打好的农具抛光。农人就围在炉子周围坐着，六元钱可以打把镰刀，立等可取。半小时后，一位农妇拿着刚刚冷却、还在发蓝的镰刀走了。另一位说，帮我打个犁头。小街上的理发室用的是摇摇欲坠、绑着布条的老式理发椅，理发师骄傲地说，电视台都来我这里拍过呢。五元钱剃一个头，他做的发型，时髦的烫发店还做不了。虽然镇上偶尔也有将头发染成黄色的小青年骑着摩托飞驰，但汉阳镇和附近乡村还守着几亩薄田过日子的人们，还是要来这个铺子剃了头才敢出门呢。卖豆花汤圆和米粉的小铺，女儿招待客人，母亲在包馄饨。我们进入光线阴暗的铺子，拣张矮桌坐下，要了几碗凉粉，雪白的粉带上浇了麻油、酱油，洒上花椒……还有一勺子炸酱，美味呀！在街上溜达一圈回来，说是再吃一碗，已经在上着门板了，过了晌午就不卖了。"是的，我家的粉是好卖，可是钱不能一家人都赚了，也要留给别家赚点嘛"，那妈妈一边将门板往门臼里插一边说。

镇上的佛光寺门口贴着一副对联"天雨虽宽不润无根之草，佛门广大难度不善之人"，万事万物都要"止于至善"，说的还是苏轼时代的基本世界观。里面供着菩萨、弥勒佛、火神……大门外面还有个石头砌的小龛，供着土地公公，就是大地之神。日常生活必需的神灵像柴米油盐那样一应俱全，这可不是摆样子。人们每天都要来上香，没有神灵保佑，他们可不知道日子怎么过。火神很重要，这个小镇全是木板屋，有的人家还有画栋雕梁。今天不是赶集的日子，乡政府的大门关着，街面冷清。但茶馆非常热闹，镇上有四五家，都坐满了正在玩麻将的人。僻静些的小街上，几个老妇人坐在花盆旁边纳鞋底。堂屋中间的太师椅上坐着谁家的爷爷，另一屋里有人在打麻将，开着门。另一家的门后，四个人在下象棋，两个人下，两个人看，并且指手画脚，少年坐在旁边借光读书。大多数时候，镇子安静得谁家的猫哼一声全镇都能听见。千年前苏轼在老家读书的时候，世界大约也就是这般光景吧。"凉簟碧纱厨。一枕清风昼睡余。睡听晚衙无一事，徐徐。读尽床头几卷书。"（苏轼《南乡子》）"……隔墙见君家纸窗竹屋依然，想见君黄冠草屦，在药墟棋局间……"（苏轼《与杜几先》）

正走着，一个穿着雨衣扶着单车的汉子一把抓住我，问道，是不是记者？不由分说，就开始讲他的田地如何因修公路被占，打官司没有人理睬的故事。听上去，这个故事已经像祥林嫂讲"我的阿毛"那样说过无数遍了。我举伞听着，雨又下起来了，这汉子的单车的右边拴着一个竹编的箩筐，空着。元祐七年（1092年），苏轼在扬州发现，仅江都县一个县的百姓就"积欠青苗钱斛2万4千9百20贯石"，还不起的农户年年要增税，年年加息，越滚越多，欠官府的钱永远还不完。苏轼上书朝廷，为民请命："臣顷知杭州，又知颍州，今知扬州，亲见两浙、京西、淮南三路之民，皆为积欠所压……"（苏轼《论积欠六事并乞检会应诏所论四事一处行下状》）在另一份奏状中，苏轼说"苏、湖、秀三州人死过半……有田无人，有人无粮，有粮无种，有种无牛，饿死之余，人如鬼腊"，而地

方官吏，"只为朝廷惜钱，不为君父惜民。"（《再论积欠六事四事札子》）

　　苏洵27岁来到可龙里山的老翁泉边上隐居读书。有时候在明月之夜，会恍惚看见一白发老翁躺在泉边，走近看时，老翁就隐身井里。苏洵觉得这是一个象征，少壮不努力，老大徒伤悲，于是开始发愤读书。这口井如今还在，苏洵家族的墓地也在这里。此地几度没落于荒烟蔓草，又几度被从荒草中找出来重建。最没落的是1967年，"被附近农民挖平，种上庄稼"，1986年才重修。我们来这里，车子经过只容一车通行的乡间公路，玻璃窗经常被树叶乱刮。一路上还可以依稀感受到苏轼诗歌中的世界"簌簌衣巾落枣花，村南村北响缫车，（缫车倒没响了，但鸡鸣狗吠未绝。）牛衣古柳卖黄瓜。酒困路长惟欲睡，日高人渴漫思茶。敲门试问野人家。"（《浣溪沙》）老翁井已经被一个水塘包围了，水塘里修了一条水泥埂，通到井旁。我跪下去，捧起井水喝了一口，很涩。下着小雨，通往墓园的小道上覆满落叶、苔藓。新松之间，飘着淡雾。苏洵的墓在中间，两侧是苏轼、苏辙和家人的墓。这个墓园埋葬着只有苏轼的父母，苏轼兄弟只是立了一个墓碑。苏轼、苏澈都埋葬在河南的郏县。"青山处处埋忠骨，何须马革裹尸还。"（龚自珍《己亥杂诗》）苏轼曾在一封信里说"葬地，……

千万莫循俗也。"（《致子由第八简》）冷清、肃穆、庄重而遥远。一只乌鸦叫唤着，跌向树林。

忽然，墓园边上的小屋走出一人，笑吟吟地。他是永光村的农民陶忠勤，乡里每年给他三百元钱，请他在这里守着。60岁，当过村干部，1977年参加高考差几分没考起，这件事他说了三遍。穿着粘满泥巴洗得发白的蓝制服，脏兮兮，像是刚刚从土里钻出来。他家有七八亩地，种着玉米、土豆和东坡脐橙。他孙子也跑过来，我问，苏东坡你晓得吗？少年朗声应道，大圣人，老祖宗！老陶说，我是苏东坡的第一粉丝，天天都守着他。他说，春节、清明节附近的村子的人都会来烧香，平常来的人就少。眉山的苏学专家张忠全在一旁听见，说，总有一天会热闹起来的，会的。张忠全毕业于四川大学中文系，一辈子都在研究苏轼，看不出丝毫书生气，倒像一位自家谷仓满满，因此总是笑眯眯的老农。每每说到苏东坡的故事，他的口气就像苏东坡还活着，就在附近午睡呢。他给我一本他编的书，叫做《苏东坡小时候的故事》。我笑道，老张哪，你把苏东坡的故事编得像领袖小时候的故事一样嘛。老张说，他就是领袖噻。他告诉我，墓园里本来没有苏轼的墓，苏轼埋在河南，这个墓是他在政协工作的时候提议立起来的。那墓碑立了二十多年，已经长出苍苔。看见我们在这里东张西望，已经有人去村子里报告，走来几个农民，问道，是不是要开发了？开发成旅游区就好了，我们就有钱赚，一个农民说。

＊　＊　＊

嘉祐二年（1057年），苏轼在开封参加科举，"试礼部"。那时候，京城地区文风疲软、无病呻吟、矫揉造作、崇尚修辞、逞才使气、耍小聪明、"好为浮夸诡诞、戏弄不庄之语"。来自外省、边疆地区的苏轼朴素、天真、憨厚、野性、激越、敏锐、豁达与京城才子们的气质截然不同。弟弟苏辙评论苏轼："其于人，见善称之，如恐不及；见不善斥之，如恐不尽；见义勇于敢为，而不顾其害。用此数困于世，然终不以为恨。"（"他对别人，见到他们的好就赞美，还担心赞美不到位。见到他们的不好，也直言批评，还担心批评得不到位。见义勇为，不顾利害。因为这样做经常碰壁，但是他从不后悔。"）（苏辙《东坡先生墓志铭》）苏轼这样的人，就像李白那样属于"世人皆欲杀"（杜甫《不见》）者流，必须君子当道的时代才可能出人头地。

他生逢其时，嘉祐二年的科举，出题主考、录取的是当世大文豪欧阳修、梅尧臣等人。他们的科举目标是"招来雄俊魁伟敦厚朴直之士，罢去浮巧轻媚丛错采绣之文，将以追两汉之余，而渐复三代之故"。（苏轼《谢欧阳内翰启》）参加考试的也是大师，如苏轼、苏辙、曾巩、张载、程颢、程颐……真个是辉煌至极！

苏轼的弟弟苏辙也是天才，一参加科举就"与兄轼同登进士科，又同策制举"。那是一个言论自由的时代。朝廷选报高级人才、鼓励"极言直谏"，苏辙在试卷中批评皇帝，"近岁以来，宫中贵姬至以千数，歌舞饮酒，优笑无度，坐朝不闻咨谋（在朝上班人不质疑），便殿无所顾问（朝廷里面无人过问）。三代之衰，汉、唐之季，女宠之害，陛下亦知之矣。久而不止，百蠹将由之而出。……"云云，此策递交后，苏辙以为"必见黜"，但是没有。苏辙这篇策论，司马光"第以三等"，范镇"难之"，蔡襄曰："吾三司使（三司使，北宋前期最高财政长官）也，司会（对苏辙的敬称）之言，吾愧之而不敢怨。""惟考官胡宿以为不逊，请黜之"。仁宗皇帝说："以直言召人，而以直言弃之，天下其谓我何？""宰相不得已，置之下等，授商州军事推官。"（《宋史·苏辙传》）

苏轼考试时，大诗人欧阳修是主考官，他忽然在大堆的陈词滥调中看到苏轼的试卷《刑赏忠厚之至论》，好！大诗人梅尧臣也是考官之一，苏轼的文章令他想到孟子的风格。苏轼在《刑赏忠厚之至论》中杜撰了一段古史："皋陶为士，将杀人。皋陶曰杀之三，尧曰宥（宽容、饶恕）之三。"梅尧臣非常欣赏，却不知这几句是引自何处，就问，苏轼说是他杜撰的。欧阳修叹道："此人可谓善读书，善用书。"考卷是匿名的，欧阳修判定苏轼的文章该是第一。他猜测这是他的学生曾巩（另一位文章大家，唐宋八大家之一）所作。自己的学生就不能给第一名啦，这位君子给了苏轼第二名。复试，苏轼以《春秋》一文获得第一。后来，欧阳修读到苏轼的更多作品，说："此我辈人，馀子莫群。我老将休，付子斯文。"（苏轼《祭欧阳文忠公夫人文》）付子斯文，欧阳修深恶当世的"浮巧轻媚丛错采绣之文"（苏轼《谢欧阳内翰启》），他将重建文之大道的希望寄托于苏轼。

春风得意，金榜题名，"出人头地"，成功、走红……并非苏轼参加科举的目的。苏轼时代，知识分子普遍追求的是"达则兼善天下"。（《孟子》）

* * *

"盖文章，经国之大业，不朽之盛事。"（汉·曹丕《典论·论文》）"文之为德也大矣，与天地并生者，何哉？夫玄黄色杂，方圆体分；日月叠璧，以垂丽天之象；山川焕绮，以铺理地之形。此盖道之文也。仰观吐曜，俯察含章，高卑定位，故两仪既生矣。惟人参之，性灵所钟，是谓三才。为五行之秀，实天地之心。心生而言立，言立而文明，自然之道也。……故知道沿圣以垂文，圣因文而明道，旁通而无滞，日用而不匮。易曰：'鼓天下之动者存乎辞'，辞之所以能鼓天下者，乃道之文也。"（刘勰《文心雕龙》）"孝、敬、忠、信、仁、义、智、勇、教、惠、让，皆文也。"（唐·顾况《文论》）文并不像今天那样只是作者们特立独行的自我表现的文字事业，一种独立自在的"诗就是诗"的写作艺术，更重视作者自我身份的确立，强调诗是个人之辞与无法言说者的悖论式的沟通方式，个人的风格化的语言游戏。诗在古代中国，不仅仅是现代意义上的作者（著作权之法人）之诗。在苏轼时代，诗像政治、经济、日常生活诸方面一样，都献身于止于至善的文明大道。"通天下之志，以断天下之疑"（《周易·系辞》）。"发大义，定大策，开人之所难惑，内足以正君，外可以训民，使于四方，邻国寝谋；言于军旅，敌人听命。"（张耒《明道杂志》）

中举意味着苏轼有机会像屈原那样"美政"，报效国家社会。在故乡成长的年代，苏轼已经被教育成一位博览群书、胸怀大志的文人。他母亲程氏"亲授以书，闻古今成败，辄能语其要。"（苏辙《东坡先生墓志铭》）读到《后汉书·范滂传》，对范滂非常欣佩。范滂是东汉的一位官员，他"按察

（查办）郡县不法官吏，见时政腐败，弃官而去。桓帝延熹九年，以党事下狱，释归（出狱）时士大夫往迎者车数千辆。灵帝初，再兴党锢之狱，诏捕滂（下诏逮捕范滂），自投案，死狱中。"（《后汉书·范滂传》）苏轼慨然太息，对母亲说："轼若为滂，母许之否乎？"程氏曰："汝能为滂，吾顾不能为滂母邪？"（苏辙《东坡先生墓志铭》）

　　参加科举，苏轼兄弟功成名就，苏轼被授大理评事签书凤翔府判官。1065年正月苏轼回到开封，任职史馆。百善孝为先，治平三年（1066年），父亲苏洵病逝，苏轼、苏辙兄弟立即弃官，扶柩还乡，在老家眉山为父亲守孝三年。

*   *   *

　　就在苏轼埋头读书的年代，有一位住在中原地区的人，已经在设计他的拯救改造中国之蓝图，这个人是王安石。王安石是偶尔爆发的大诗人，唐宋八大家之一。他诗不多，但杰作不少。"墙角数枝梅，凌寒独自开。遥知不是雪，为有暗香来。"（《梅花》）就是他的手笔。苏轼读了王安石的词作《桂枝香·金陵怀古》，叹道"此老乃野狐精也"（杨湜《古今词话》）。王安石忧国忧民，深受当时正在兴起的理学"知先行后"的影响，认为自己身怀大任，已经掌握了绝对真理，"天质自森森，孤高几百寻"（王安石《孤桐》），"比

46

你较为神圣"，"天命不足畏，祖宗不足法，人言不足恤"（《宋史·王安石列传》），担负着拯救斯民于水火之中的使命。他"议论高奇，能以辨博济其说，果于自用，慨然有矫世变俗之志。"（《宋史·王安石列传》）当时的宰相唐介评论他："安石好学而泥古，故论议迂阔，人言安石奸邪，则毁之太过；但不晓事，又执拗耳。"（《宋史·神宗》）野史说："王荆公性简率，不事修饰奉养，衣服垢污，饮食粗恶，一无有择，自少时则然。'囚首丧面而谈诗书'少喜与吕惠穆、韩献肃兄弟游。为馆职时，玉汝尝率与同浴于僧寺，潜备新衣一袭，易其弊衣，俟其浴出，俾其从者举以衣之，而不以告。荆公服之如固有，初不以为异也。及为执政，或言其喜食獐脯者，其夫人闻而疑之，曰：'公平日未尝有择于饮食，何忽独嗜此？'因令问左右执事者曰：'何以知公之嗜獐脯耶？'曰：'每食不顾他物，而獐脯独尽，是以知之。'复问：'食时置獐脯何所？'曰：'在近匕箸处。'夫人曰：'明日姑易他物近匕箸。'既而果食他物尽，而獐脯固在。而后，人知其特以其近故食之，而初非有所嗜也。"（宋·朱弁《曲洧旧闻》）

王安石沉迷于观念，不太顾及身边、在场、当下。他推行的青苗法，本是他在鄞县当知县时，在一个小地方因地制宜取得的成功经验，却要作为规范一刀切。完全不顾现实的复杂性、多样性，"不晓事"，在全国削足适履式地推广。"或曰青苗法善乎？曰未可以为不善也。然则可行乎？曰不必其可行也。善而不可行何哉？曰公青苗法之行，始见于官鄞县时。贷谷出息，俾新陈相易，而其民便之。……然而有必不可行者，以一县小而天下大也。以天下之大行之，则必有抑配之患与积压之患。"（蔡上翔《王荆公年谱考略》）"纯道德，一风俗""萃于我"（苏轼语）王安石颇似现代自由主义思想家以塞亚·柏林说的刺猬："相信世上存在着一种完美的前景，相信借助……某种方法就可达到真理。"（《浪漫主义的根源》）"根据普遍的理想，即根据一个人、一个群体或一个社会所追求的整个生活模式来做决定"，"要求最终答案——不惜一切代价追求整齐划一"（《自由论》）。王安石的矛盾是，他一方面是功利主义者、实用主义者，"今之失患在不法先王之政者，以谓当法其意而已。夫二帝三王相去盖千有余载，一治一乱，其盛衰之时具矣。其所遭之变，所遇之势，亦各不同，其施设之方亦皆殊，而其为天下国家之意，本末先后，未尝不同也。臣故曰：当法其意而已。法其意，则吾所改易更革，不至乎倾骇天下之耳目嚣天下之口，而固已合乎先王之政矣。"（《上仁宗皇帝言事书》）法先王之政，只是意思一下，做事却要根据现实状况灵活运用，这是实用主义。而在另一方面，在施政上他又搞一刀切的模式化、同质化，他的改革恰恰是"倾骇天下"，最终失败。王安石遗世独立，他要改造生活世界。他的出发点是好的，但观念与实践分裂，知先行后的行，反而"倾骇"生活世界。

苏轼恰恰相反，"天下之理，未尝不一，而一不可执。知其未尝不一，而莫之执，则几矣"（《东坡易传》），随物赋形，在世，活泼泼的。苏轼在诗歌中描绘他的日常生活，这是他的生活场景之一："睡起画堂，银蒜押帘，珠幕云垂地。初雨歇，洗出碧罗天，正溶溶养花天气。一霎暖风回芳草，荣光浮动，掩皱银塘水。方杏靥匀酥，花须吐绣，园林排比红翠。见乳燕捎蝶过繁枝。忽一线炉香逐游丝。昼永人闲，独立斜阳，晚来情味。便乘兴携将佳丽。深入芳菲里。拔胡琴语，轻拢慢捻总伶俐。看紧约罗裙，急趣檀板，霓裳入破惊鸿起。颦月临眉，醉霞横脸，歌声悠扬云际。任满头红雨落花飞。渐鹓鹊楼西玉蟾低。尚徘徊、未尽欢意。君看今古悠悠，浮宦人间世。这些百岁，光阴几日，三万六千而已。醉乡路稳不妨行，但人生、要适情耳。"（《哨遍·睡起画堂》）

可以参照孟元老的记录："大抵都城左近，皆是园圃，百里之内，并无闲地。次第春容满野，暖律暄晴。万花争出粉墙，细柳斜笼绮陌。香轮暖辗，芳草如茵；骏骑骄嘶，杏花如绣。莺啼芳树，燕舞晴空。红妆按乐于宝榭层楼，白面行歌近画桥流水。举目则秋千巧笑，触处则蹴踘疏狂。寻芳选胜，花絮时坠金樽；折翠簪红，蜂蝶暗随归骑。于是相继清明节矣。"（《东京梦华录》）

这是现实生活中的苏轼：

"近却颇作小词，虽无柳七郎风味，亦自是一家。呵呵。"（《与鲜于子骏》）

"得之（苏轼在黄州的朋友）晚得子，闻之，喜慰可知。不敢以俗物为贺，所用石砚一枚，送上……呵呵。"（《与徐得之书》）

"数日前，猎于郊外，所获颇多。作得一阕，令东州壮士抵掌顿足而歌之，吹笛击鼓以为节，颇壮观也。"（《与鲜于子骏》）

"纸轴纳去，余空纸两幅，留与五百年后人跋尾也。呵呵。"（《与孙子思七首［之四］》）。

"一枕无碍睡（一觉睡到天亮），辄（总是）亦得之耳，公无多奈我何，呵呵。"（一觉睡到天亮，这是经常事。呵呵。）（《答陈季常三首〔之二〕》）

　　"某启。比日（连日）蒸热，体中佳否？承惠杨梅，感佩之至。闻山姜花欲出，录梦得诗去，庶致此馈也。呵呵。"（《与林天和长官二十三首〔之八〕》）

　　"新刻（新作）特蒙颁惠，不胜珍感。竹萌亦佳贶（kuang 赠），取笋簟（dian 竹席）菘心（白菜心）与鳜相对（用竹席将白菜心与鳜鱼包起来），清水煮熟，用姜芦服自然汁及酒三物等，入少盐，渐渐点洒之，过熟可食。不敢独味此，请依法作，与老嫂共之。呵呵。"（谢谢您寄来的新作，非常珍贵，非常感谢！送给我的新笋真是好东西。竹笋，加上白菜心、鳜鱼用竹席包起来，清水煮熟，用姜汁、芦汁和酒洒在上面，稍微放点盐，腌一下就可以吃了。此味我不敢独享呵，请照这个方法做，与老嫂一同享用吧，呵呵！）（《与钱穆父五十七首〔之二十五〕》）

　　"某启。久留钱塘，寝食湖山间，时陪道论（在一起论道），多所开发（启发）。至于灵山道人，似有前缘。既别经

朝苏记　　　　　　　　　　　　　　　　　　　51

岁，窹寐见之，盖心境已熟，不能遽（仓促、马上）忘也。"
（《与灵隐知和尚》）

"灵壁出石……刘氏园中砌台下，有一株独巉，然反覆可观，作麋鹿宛颈状。东坡居士欲得之，乃画临华阁壁，作丑石风竹。主人喜，乃以遗予。居士载归阳羡。"（灵壁出观赏石……刘家有一块非常峭拔，久看不厌，像麋鹿弯曲着脖子。我很想要这块石头，就在刘家的墙上画了一幅有竹子和怪石的画。主人大喜，就把这块石头送给我。我将它带回了阳羡。[今江苏义兴县]）（《书画壁易石》）

"某启。日欲作《塔记》，未尝忘也。而别后纷纷，实无少暇。既请宽限而自违之，惭悚无地。"（给你写《塔记》的事我是记着的，别后太忙，实在没时间，请宽限几日，很惭愧啊！）（《与曾子宣十首[之一]》）

* * *

画家文同（文与可）是苏轼的好朋友，《东山谈苑》说，文与可为人画好一幅画，就说，不要说话，等着苏东坡来。"近屡于相识处见与可（画家文同）近作墨竹，惟劣弟（苏轼自谓）只得一竿，未说《字说》（王安石著作，此处可能是指苏轼曾抄写其中片段）润笔，只到处作记作赞，备员火下，

52

亦合剩得几纸。专令此人去请，幸毋久秘。不尔，不惟到处乱画，题云与可笔，亦当执所惠绝句过状索二百五十匹也。呵呵。不尔，不惟到处乱画，题文与可笔，亦当执所惠绝句过状索二百五十疋也。呵呵。"（我最近常在熟人那里看见你（文同）画的墨竹，我却只得到一竿（一幅），他们没告诉我润笔是多少，只是到处看见文同的题字、赞诗，就像是用火烧字（太随便了），想来剩不了几幅了吧。我派人去你那里取，不要藏起来吧。不然，我就到处乱画，而且题上你的大名。我还要拿着你送我的诗来索要250匹绸子。呵呵。）"元丰二年正月二十日，与可没（逝世）于陈州。是岁七月七日，予在湖州曝（晾晒）书画，见此竹废卷（合上画卷）而哭失声。"（苏轼《文与可画筼筜谷偃竹记》）

　　苏轼的尺牍经常用"呵呵"一词，呵呵二字，可谓苏轼的人生态度。过了1000年，依然可以从他的文里面可以看出这个人：这是一个"绿党"，（梭罗的《瓦尔登湖》里面的意思，他在千年前就是绿党。）热爱大地，敬畏自然，喜欢游山玩水、寻访幽境古迹，步行者，侠客，助人为乐也嫉恶如仇，适量地饮酒、玩鹰、养狗、射箭、骑马、写字、弹琴、画画、收藏古董；出入青楼，经常与歌妓来往。宋·王明清《挥麈录》："姚舜明庭辉知杭州，有老姥自言故娼也，及事东坡先生，云：公春时每遇休暇，必约客湖上，早食于山水佳处。饭毕，每客一舟，令队长一人，各领数妓任其所适。晡后鸣锣以集，复会圣湖楼，或竹阁之类，极欢而罢。至一二鼓夜市犹未散，列烛以归，城中士女云集，夹道以观千骑骑过，实一时盛事也。"（苏轼在杭州做官，每当春天有空闲的时候，就约客人到西湖最好的山水之间。早餐后，每位客人登上一船，船上有数名歌妓，一位队长驾驶着船。想划去哪里就去哪里。将近黄昏的时候敲锣召集各队，在圣湖楼或者竹阁集合，寻欢作乐至极才罢。回去的时候已经是晚上9点、10点，夜市还没有散场，他们骑着马、举着烛火经过，夜市上的靓女俊男夹道围观，是那时候的盛事。）他的朋友都是诗人、画家（比如文同）、书家（比如米芾）、高僧大德，也有很多普通人（比如学佛者契顺）。他会种地、盖房、养鸡、养鸭，也会号脉看病、开药方。他知道什么是美味，自己也会做，经常下厨房。也许还有点偏胖（有一次他摸着肚子对妾说，我这肚子里都是些什么呀？）他自称"鏖糟陂里陶靖节"（鏖糟这个词在汉语里面已经失传，昆明话还在用，意思是洗澡时搓下的污垢）（《与王定国书》）。

总之，生活，生活，再生活，生活就是他的文章，文章就是他的生活。他的文章不仅仅是书斋里的文章，而是李白说的那样"大块假我以文章"（李白《春夜宴桃李园序》），生活就是艺术。"我喜欢生活，喜欢呼吸甚于工作。我不认为我的作品将来对社会有任何重要性。所以，我的艺术就是生活艺术，每一秒，每一呼吸都是一件铭刻于无处的作品，既不是视觉的，也不是思考的，那是一种恒久的陶醉。"（马塞尔·杜尚语）

热爱生活并不意味着苏轼是一个犬儒主义者，有个故事可以看到苏轼的另一面。元祐七年，宋哲宗乘辇去南郊祭神，苏轼是卤簿使，负责引导皇帝的车辇进入太庙。途中，路旁忽然冲出十几辆打着红色青色伞盖的牛车，与祭神的队伍抢道，看见皇室的仪仗队也不让路。苏轼令御营巡检使去责问，原来这是皇后和大长公主前来迎谒的车队。当时御史中丞李之纯是仪仗队队长，苏轼说："你应当整肃政纪，立即向皇帝报告。"李之纯不敢，苏轼就去宋哲宗的车辇中奏告，后来哲宗派人将苏轼的奏疏转给了皇太后。并在第二天下令整肃仪仗队，规定以后皇后以下都不得再搞迎谒。

1069年，为父亲丁忧（守孝）三年之后，苏轼回到开封，在史馆任职。不久，王安石任同中书门下平章事，相当于宰相，开始在全国范围内大规模推行新法。他的新法之一是改革科举制度，废除诗赋词章取士的旧制，恢复以春秋三传明经取士。

以诗赋辞章取士始于唐，"郁郁乎文哉"的文明到唐抵达极盛。就像古希腊是智者领导的社会一样，唐朝是文人领导的社会，"文学化社会"（龚鹏程语）。"国家以文德应天，以文教牧人，以文行选贤，以文学取士"（白居易《策林》），文的崇拜在唐登峰造极，文人被视为诸神在世的象征。杜甫说："笔落惊风雨，诗成泣鬼神。"白居易说："天地间有粹灵气焉，万类皆得之，而人居多；就人中，文人得之又居多，美盖是气，凝为性，发为志，散为文。"（《故京兆元少尹文集序》）"文之神妙，莫先于诗。"（白居易《刘白唱和集解》）"整个社会沉浸在文学崇拜的心理状态中，他们相信文字具有'不朽'的魔力，比事实更为真实。他们对文人心怀敬畏，因为那是能写出这种奇妙文字的人。""社会上每一个人似乎都觉得，人就应该是文人，社会生活就应该是文人式的生活，吟一首诗，写一篇文章，其实就是生活，犹如喝水或呼吸那样。"（龚鹏程《唐代思潮史》）

* * *

在中国，文从来都扮演着宗教角色。《左传》说，"文物昭德"。德，升也。文物，就是通过文使人超越物宰制，成为"仁者，人也"。"上古之时，民心昧然，不知吉凶之所

56

在，故圣人作《易》，教之卜筮，使吉则行之，凶则避之，此是开物成务之道。故《系辞》云'以通天下之故，以断天下之疑'，正谓此也"（黎靖德《朱子语类》）"刚柔交错，天文也；文明以止，人文也。观乎天文，以察时变，观乎人文，以化成天下。"（《易经》）天文有待于人文，人文就是文明，文明照亮黑暗，化成天下。只有语言、文字出现，人的历史才开始，成为"仁者人也"。文起源于巫，古代部落的巫师通过人文（文身、仪式、图腾、舞蹈、音乐、文字……）与天文交感，与神灵对话，文字是人文活动的记录。巫师就是文人，屈原就是"出则与王议事""美政"的巫师。由于控制着文的权力，有时候巫师也就是部落领袖。"巫君合一"（李泽厚）巫权与君权一体。巫侧重于对不可知（无）的沟通、解释、记录，止于至善；君侧重于对可以把握的现实（有）的运筹、执行、匡正，止于至善。自古以来，文与政的关系若明若暗，有时候是巫君合一，文政合一；有时候巫是巫，政是政。但即使文没有实权，文的地位永远高于政。因为文代表着不可知的天，传达着神秘莫测的天意，文的权力意味着"美政"。"至君尧舜上，再使风俗淳"（杜甫《奉赠韦左丞丈二十二韵》），政，正也。政是控制、匡正、掌控；美是好，是通。只有美政，才能政通人和。美政就是文政。

"州郡有忧，能治章上奏，解理结烦。"（汉·王充《论衡·超奇》）孔子说，"质胜文则野，文胜质则史"。"为文者必当尚质抑淫""王者删淫辞，削丽藻"（白居易《策林》）。文统，必须有一个中庸之度，过度则将文过饰非。"国家化天下以文明，奖多士以文学，二百余载，文章焕焉。然则述作之间，久而生弊，书事者罕闻于直笔，褒美者多睹其虚辞"（白居易《策林》）。这一趋势在晚唐越演越烈。五代十国的混乱导致礼崩乐坏，"不学礼，无以立"（《论语》）。对儒家经典进行更实用的解释以重建秩序，立于礼，成为时代的大趋势，理学应运而生。在宋，唐代具有神圣地位的诗摇摇欲坠，被一些士大夫柏拉图式地视为理性社会的障碍。程颐认为：诗，"巧文丽辞为工，荣华其言，鲜有至于道者"，"或问：'诗可学否？'曰：'既学诗，须是用功，方合诗人格。既用功，甚妨事。'古人诗云：'吟成五个字，用破一生心。'又谓：'可惜一生心，用在五个字。'……某素不作诗，亦非是禁止不作，但不欲为此闲言语。且如今言能诗无如杜甫，如云：'穿花蛱蝶深深见，点水蜻蜓款款飞'，如此闲言语，道出做甚？"（《二程遗书》卷一八）司马光主张"取士之道当先德行后文学。就文学言之，经术又当先于词采。"（《宋史》）王安石理解的文是"治教政令，圣人之所谓文也"（《与祖择之书》）。熙宁元年（1068年）新即位的宋神宗问王安石："当今治国之道，当以何为先？"王安石答："以择术为始。"王安石希望的新人是实用主义的经济之人："惟其遇事而事治，画策而利害得，治国而国安利，此其所以异于人。"（《论材》）

昔日，当圣人孔子高举"郁郁乎文哉，吾从周"（《论语》）的大旗的时候，他所谓的文，乃是人与世界关系的象征性尺度，趋向野蛮还是文明，这个度只有文可以把握、调整。文的核心是诗，"诗三百，一言以蔽之，思无邪。"（孔子《论语》）"思无邪者，诚也。"（程颐语）"诗，善为可法，恶为可戒。故使人思无邪也。若以为作使者思无邪，则《桑中》《溱诸》之诗，果无邪也？"（朱熹《朱子语类》）"不学诗，无以言。""不学礼，无以立。"（孔子《论语》）文意味着命名的到位、说法的解放、阐释的敞开、意义的彰显、层次、位置的分明、秩序的建构……文，起源于人在世界中觉醒的表现，仁者人也，人因文而脱离黑暗，文明。"天地位焉，万物育焉。"（《礼记·中庸》）文不是僵死孤立的观念，文是一个语言的场，它总是依附着身，在世，活泼泼的，阴阳变化，知白守黑，有无相生。"国风好色而不淫，小雅怨诽而不乱"（司马迁《史记·屈原贾生列传》），中庸，乃是文之度，这个度，只在于生生之谓易，止于至善。道在屎溺，道不是屎溺，如果止于至善，生生，在屎溺可得，那么道可以在屎溺。"质胜文则野，文胜质则史"（《论语·雍也》），这个度要根据身之适，不断地把握调整，"修辞立其诚"（《周易·乾》）。"尧舜之所不能加，桀纣之所不能亡，是谓诚，凡可以闲而去者，无非邪也，邪者尽去，则其不可去者自存矣，是谓闲邪存其诚。"（苏轼《东坡易传》）苏轼所谓的诚，并非伦理道德范畴上的诚，这个诚，颇近于海德格尔的"去存在"。诚不是名词，而是动词。诚，信。存其诚，就是去信，齐物，不二、"不可去者"。这个动词，意味着诚总是在"之间"，而不是一个概念性的规定。苏轼这一思想显然与宋代理学家试图定位的思路不同。以文载道，道往往容易被固化为某僵死的观念，苏轼的思路是以文立其诚。"吾文如万斛泉源，不择地而出，在平地滔滔汩汩，虽一日千里无难。及其与山石曲折，随物赋形，而不可知也。所可知者，常行于所当行，常止于不可不止，如是而已矣。"（我的文章就像蕴藏着无数杯酒的泉源，随时随地都可以涌出来，在平坦的大地上滔滔汩汩，一日千里也不难。如果在山石凸凹不平的地方，我的文章就像水那样随着万物的形状而创造形式，会创造出什么样的形式是不知道的。可以知道的只是，文章应该在可以写的地方写，在不可以写的地方不写，就是这样。）（苏轼《文说》）

文统必须在一个相对封闭、文化上有着共识的社会中才有效。化外之地崇尚一神教、武力、实用的民族并不知道文，而人的兽性本能也一再地要摆脱雅驯，"晋、魏之士，变而为旷荡，尚浮虚而亡礼法，礼法既亡，与夷狄同。"（苏轼《历代世变》）"……夷狄之人，与中国言语不通，衣服殊制；口不言先王之法言，身不服先王之法服；不知君臣之义，父子之情……"（韩愈《论佛骨表》）但雅驯过度又会导致文的虚饰，"小人之过也必文。"（《论语》）"辩足以饰非"（庄子语）丧失为现实提供形而上资源以有无相生的力量。苏轼时代，文已经偏离中庸之道，名不副实的虚文泛滥。《续资治通鉴》："范仲淹等意欲复古劝学，数言兴学校，本行实，诏近臣议。"（毕沅语）于是宋祁、王拱辰、张方平、欧阳修等八人合奏曰："教不本于学校，士不察于乡里，则不能核名实，有司束以声病，学者专于记诵，则不足尽人材，谨参考众说，择其便于今者，莫若使士皆土著而教之于学校，然后州县察其履行，学者自皆修饬矣。"（如果教育不以学校为基础，不在乡里进行考察读书人，就不能核实读书人是否名副其实。政府如一味以诗文声律是否规范进行考核，学生只是专心于记诵声律词语，就无法选拔出真正的人材。参考了各种说法，适用现在情况的，让读书人都来自乡村并在本乡本土的学校学习是最好的办法，然后再由州县对他们的成绩进行考查，学生就能名副其实地学习了。）这个建议可以看出，那个时代文人对文的虚浮的担忧。苏轼的弟弟苏辙总结过文的历史："昔孔子生于衰周而识文武之道，其称曰：'文王既没，文不在兹乎？'……孔子既没，诸弟子如子贡、子夏，皆以文名于世。数传之后，子思、孟子、孙卿，并为诸侯师，秦人以涂炭遇之，不能废也。及汉祖以干戈定乱，纷纭未已，而叔孙通、陆贾之徒，以《诗》《书》《礼》《乐》弥缝其阙矣。其后贾宜、董仲舒相继而起，则西汉之文，后世莫能仿佛。盖孔氏之遗烈，其所及者如此。自汉以来，更魏、晋，历南北，文弊极矣。虽唐贞观、开元之盛，而文气衰弱，燕、许之流，倔强其间，卒不能振。惟韩退之一变复古，阔其颓波，东注之海，遂复西汉之旧。自退之以来，五代相承，天下不知所以为文……及公（指欧阳修）之文行天下，乃复无愧于古。"（《欧阳文忠公神道碑》）苏辙认为，韩愈、黄庭坚等人的复古，都是要回到文黄金时代。

文的虚浮之风使文的实用性开始被强调，诗意被视为文的实用性的障碍，甚至怪罪于诗本身。宋代的改革是，将科举由隋唐以降的专考诗赋，改为兼试策论，甚至主考经义，应试者要对国家政治和社会重大实际问题提出解决方案。理学兴起，"文胜质则史"（《论语》），士大夫开始崇拜观念、模式、规划、主张知先行后。文化的实用主义、本本主义兴起，诗性开始式微。"昔祖宗朝崇尚词律，则诗赋之士曲尽其巧；自嘉祐以来，以古文为贵，则策论盛行于世，而诗赋几至乎熄。何者？利之所在，人无不化。"（苏轼《拟进士廷试策表》）"自唐至今，以诗赋为名臣者，不可胜数，何负于天下，而必欲废之！近世士人纂类经史，缀缉时务，谓之策括。待问条目，搜抉略尽，临时剽窃，窜易首尾，以眩有司，有司莫能辨也。且其为文也，无规矩准绳，故学之易成；无声病对偶，故考之难精。以易学之士，付难考之吏，其弊有甚于诗赋者矣。"（苏轼《议学校贡举状》）苏轼理解的文是："《诗》者，天下之人，匹夫匹妇羁臣贱隶悲忧愉佚之所为作也。夫天下之人，自伤其贫贱困苦之忧，而自述其丰美盛大之乐，上及于君臣、父子，天下兴亡、治乱之迹，而下及于饮食、床第、昆虫、草木之类，盖其中无所不具，而尚何以绳墨法度区区而求诸其间哉！"（苏辙《诗论》）苏轼认为，只有诗性的文可以保证生命的"丰美盛大之乐"，"人充满劳绩，但还诗意地栖居在大地上"（荷尔德林《人，诗意地栖居》）。

苏轼意识到文的危机，他要力挽狂澜，他要捍卫文的传统，他要"再使风俗淳"（杜甫《奉赠韦左丞丈二十二韵》）。"11世纪时，'文人'依然能将自己定位于思想文化的中心。苏轼当然也视自己为这些思想承载者中的一员。"
（包弼德《苏轼与文》）

在给张文潜的信里，苏轼说："先帝晚年甚患文字之陋，欲稍变取士法，特未暇耳。议者欲稍复诗赋，立《春秋》学官，甚美。仆老矣，使后生犹得见古人之大全者，正赖黄鲁直、秦少游、晁无咎、陈履常与君等数人耳。"（《答张文潜县丞书》）这是一篇伟大的宣言。"甚美"，"尽美尽善"，这是中国文明的终极标准。宋的潮流是，尽善而未必尽美。苏轼力挽狂澜，试图以"甚美"来挽回文偏向实用主义的趋向。乌台诗案，表面看是党争、政见不同，而在1000年后，人们或许可以看出，这是其实是"甚美"的世界观与实用主义的世界观的争论。

苏轼逝世时苏辙说："斯文坠矣！后生安所复仰！"
（《东坡先生墓志铭》）

宋是一个鼓励直言不讳的时代。苏轼持不同政见，他要行的是古人之政，他直言不讳，反对王安石的新法。苏轼认为："圣人必能正，不能使天下必从"，"天下之理未尝不一，而一不可执（固执），知其未尝不一而莫之执，则几矣。"（天下的至理未尝不一，但一不可以固执，知道一而不固执，才近于一。）（《东坡易传》）苏轼尊重历史、经验、"道法自然"，热爱生活，必然尊重多样多元。"从我者纳之，不从者付之其所欲从，此大人也。"（同意我的我接纳，不同意我的让他坚持自己的意见，这才是高人。）（《东坡易传》）他骨子颇近现代的自由主义者。"多元的价值，它们同等真实、同等终极，尤其是同等客观；因此，它们不可能被安排在一种永恒不变的等级秩序之下，或者是用某种绝对的标准来评判。"（以赛亚·伯林《扭曲的人性之才》）苏轼立即看出王安石变法的危险，在《答张文潜县丞书》一文中，他批评王安石："文字之衰，未有如今日者也。其源实出于王氏。王氏之文，未必不善也，而患在于好使人同己。自孔子不能使人同，颜渊之仁，子路之勇，不能以相移。而王氏欲以其学同天下！地之美者，同于生物，不同于所生。惟荒瘠斥卤之地，弥望皆黄茅白苇，此则王氏之同也。"（文的衰落，没有比今天更严重的了。其源头出于王安石。王安石的文章未必不好，但是他的祸害在于要让别人与他一致。孔子都不能一致，颜渊仁慈，子路好勇，孔子都无法叫他们改变。大地之美，在于它诞生了万物，万物都有生命，但每个生命形态色彩是不一样的。在荒凉贫瘠的盐碱地上，一眼望去只有黄色的草白色的苇。这就是王安石的同。）

朝苏记

在一次考试中，苏轼出了一道题，其中有"晋武平吴，独断而克；苻坚伐晋，独断而亡；齐桓（齐桓公）专任管仲而霸，燕哙（燕王）专任子之而败；事同功异。"王安石"滋怒"，认为这是在影射他。

1070年2月，苏轼又向宋神宗进《拟进士对御试策》说："今青苗有二分之息，而不谓之放债取利可乎？凡人为善，不自誉而人誉之；为恶不自毁而人毁之。如使为善者。必须自言而后信，则尧舜周孔亦劳矣。今天下以为利，陛下以为义；天下以为贪，陛下以为廉。"（现在依照青苗法，贷款给农民，农民要还二分利息，这不是在放债取利吗？人做了善事，不自夸别人也会夸奖。做了坏事，不自我贬损名誉，别人也会损他。要是做好事，必须自夸自信，那么做了许多好事的尧舜周公孔子也太累了。现在天下以为是争利的，陛下以为是义。天下认为是贪婪的，陛下以为是清廉。）真是大胆！"刘向曰：'众贤和于朝，则万物和于野。今朝廷可谓不和矣。其咎安在？陛下不返求其本，而欲以力胜之。力之不能胜众也久矣。'"意思是，刘向说，朝中的贤臣都团结的话，天下就太平和谐。现在朝廷可以说是不团结（分为新党、旧党），谁要负责呢？陛下做事不从事物的根本出法，而企图以暴力取胜，而暴力自古以来都无法战胜人民的。越说越放肆了。"其施设之方，各随其时而不可知。其所可知者必畏天，必从众，必法祖宗……未尝言天命不足畏，众言不足从，祖宗之法不足用也。"（做事的方法，是因时制宜而变化无法固定的。我们可以确定的只是必须敬畏神灵，顺应人民，效法祖先的经验。）

如此大逆不道、攻击质疑皇权的言论，宋神宗只是送给王安石去看。王安石说："轼才亦高，但所学不正，今又以不得逞之故，其言遂跌荡至此，请黜之。"司空曾公亮说："轼但有异论耳，无可罪者。"后来，王安石又对宋神宗说："陛下何以不黜苏？岂为其才可惜乎！譬如调恶马，须减刍秣，加棰扑，使其贴服乃可用。如轼者，不困之使自悔而绌其不逞之心，安肯为陛下用！且如轼辈者，其才为世用甚少，为世患甚大，陛下不可不察也。"（陛下为什么不罢黜苏轼呢，难道是珍惜他的才华？驯服顽劣的马，必须减少它的粮草，加重的它的劳役，驯顺之后才可用。像苏轼这样的人，盖世才华为世所用甚少，威胁却很大，陛下不可不察。）（刘时举《续宋编年资治通鉴》）

"吾上可陪玉皇大帝，下可陪屠夫乞儿，眼前见天下无一个不是好人！"（高文虎《蓼花洲闲录》）1074年，苏轼自请离京，他先是被派往杭州任通判，后又被派往密州（山东诸城）、徐州、湖州任知州。

"出都，今已达泗上，淮山照眼，渐闻吴歌楚语。"

（《与滕达道四十五首〈之一〉》）

* * *

40年前，我躺在云南高原一处一个松树林里背诵了《赤壁赋》《临江仙》《大江东去》《明月几时有》"明月夜，短松冈……"（苏轼《江城子》）之后，一阵冲动，就约上几位志同道合的好友坐火车出云南到重庆顺江东下了。我相信苏轼写下的一切都在原址上等着我，"渔樵于江渚之上，侣鱼虾而友麋鹿，驾一叶之扁舟，举匏樽以相属，哀吾生之须臾，羡长江之无穷，挟飞仙以遨游，抱明月而长终。"（苏轼《前赤壁赋》）我确信我依然能够像苏轼那样在大地上觉悟。当火车穿过杭嘉湖平原，在杏花春雨的江南驶过之际，我心中即刻涌起王安石的"春风又绿江南岸，明月何时照我还"（《泊船瓜洲》）。青少年时代诵读大量苏东坡们的作品，现在来到这些作品产生的原址，就像是回到故乡，回到那些颠扑不破的真理。

40年后，我再次乘火车穿越杭嘉湖平原，此前激动我的旧世界已经焕然一新了。江南被雾霾笼罩着，烟囱、水泥罐、货场、仓库、车站、楼盘、高压电塔、开发区一群群奔过。我知道现代化，也预见到它的样子，但万万想不到是这样的凶猛、庞大，滚滚不绝，势不可当。就是固若金汤，往昔曾经征服了无数胡人，令他们甘愿被教化的江南也抵挡不住。已经很难看见江南了，一些水田的碎片，看上去就像美国或者澳大利亚的郊区。

从我住的宾馆的18层楼看下去，下面的杭州是灰色的，水泥物导致的灰几乎与梅雨时节的天空之灰色一致，过去叫做水天一色，现在或许可以称为楼天一色吧。下着细雨，一些潮湿的绿茵从一些更深的缝隙里溢出来，下面是街道。偶尔，可以看见汽车像鱼一样缓缓地游过去，打伞的人在其间走着。杭州的顶上空无一人，像一个个篮球场，但没有那么空荡，有些通向屋顶的小屋、梯子、太阳能热水器什么的。偶尔也有一两个老人，站在屋顶甩动着双手。从前苏东坡指挥修建的苏堤几乎要被游客踩塌了，铺成了水泥路面，两旁依然是"接天莲叶无穷碧，映日荷花别样红"（杨万里《晓出净慈寺送林子方》）。花上十元钱可以登上电动游览车，从摩肩接踵的游客之间穿过。坐在我旁边的一对情侣在低吟"若把西湖比西子，淡妆浓抹总相宜"。（苏轼《饮湖上初晴后雨二首·其二》）旅游团如鱼群般这一拨过去那一拨涌来，热闹得就像赶庙会，或者藏传佛教的信众围着喇嘛寺转经。人们并非仅仅是来欣赏风光，如此地成群结队、摩肩接踵、前呼后拥、左顾右盼、拉拉扯扯、大呼小叫、扶老携幼、揶裳连袂……恐怕没法欣赏。

人们更像是来朝圣，来到杭州，每个人都要去苏堤上走一趟。"南北径三十里，为长堤以通行者。吴人种菱，春辄芟除，不遣寸草。且募人种菱湖中，葑不复生。收其利以备修湖，取救荒余钱万缗、粮万石，及请得百僧度牒以募役者。堤成，植芙蓉、杨柳其上，望之如画图，杭人名为'苏公堤'。""轼二十年间再莅杭，有德于民，家有画像，饮食必祝。又作生祠以报。"（宋史《苏轼传》）

924年后，苏堤依然领导着杭州，一个永不结束的苏节。西湖周边的房地产价值连城，已经差不多三万元人民币一平米了。黄昏过后，湖畔的荷盖一齐朝着黑暗垂下，露出荷叶下面的茎秆，像是被累得要断的脖子。苏轼如果故国重游，一定不认识这个地方。今天的杭州完全在他的经验之外，就是做梦也不会梦到。"推枕惘然不见，但空江，月明千里。"（苏轼《水龙吟》）只有一样东西，苏轼会认识，一钵钵东坡肉依然在那些高楼中某家厨房的煤气灶上庄严地炖着，热气蒸腾，仿佛是要供奉灶王爷。这碗据说是他创始的美食还在民间流传，现在已经成了杭州城里家家户户的家常菜。杭州的东坡肉与眉山不同，失去了放荡不羁的山野气。在眉州，东坡肉自然而然，炖得稀烂，也看得出是肘子。杭州的东坡肉，看起来就像一个坛，切得方方正正，令人想到孔子要求的"割不正，不食"。苏轼的诗人同行也还在，虽然诗人不像苏轼时代那样风光了，太守必须会写诗这个传统已经彻底中断，但诗人一族并未消亡。对诗的癖好已经渗入民族血液，像DNA一样无法清除。诗人与政治的关系已经相当疏远。诗就是诗，获得了一种独立的地位。与苏轼当年的风光比起来，此时代的诗人更像是一群地下工作者。在杭州，我与诗人们不期而遇。我知道，在杭州，必遇见诗人。在杭州的人可画廊，我遇见诗人伤水、黄纪云、王自亮等人，素昧平生但一见如故。黄纪云是一个公司的董事长，伤水开着一家公司，王自亮担任过政府官员……他们都以写诗为荣。他们的诗当然不再是苏轼那样的写法了，但还是长短句。长短句现在成为新诗的基本样式，以俗为雅这一点也没变。我们一行诗人，跟着伤水穿过西湖，去看黄宾虹的画展，看吴昌硕的印，又在一家书店里选了几本书，然后去吃片儿川。这是一种汤面，这种做法的面出现才一百多年，苏轼没有吃过。到了湖边一家馆子，伤水一阵吆喝，即刻摆满一桌，每人一大碗片儿川，还点了西湖醋鱼。这家没有东坡肉。我知道哪家最好，下次去，伤水说。在西湖边逛了一晌，过午方散。

"承录示元之诗，旧虽曾见之，今得公亲书，甚喜。令跋尾。诗词如此，岂敢挂名其间。呵呵。惠示江瑶，极鲜，庶得大嚼，甚快。"[承您（钱穆父，苏轼朋友）送来您的这首诗，以前我就读过，现在得到您的亲笔诗签，太高兴了。您让我在后面写个跋，诗已经写得这么好了，我怎么敢再挂名！呵呵！您送我的江贝很新鲜，大吃一顿，太痛快了。]（《与钱穆父》）今日诗人之间的交往，差不多还是这样。写诗，那就是朋友，即刻肝胆相照。我们每每谈及苏轼，大家语气之间似乎都有一个动作，就像基督徒提到圣父圣子之名那样要合个十字，只是没做出来而已。寓居杭州的诗人方闲海也打的穿过杭州城来看我，他在一个学校教美术，自费办着一个诗歌出版机构，叫做黑哨。他收入菲薄，就像苏轼的朋友张先那样"坐此而穷，盐米不继。啸歌自得，有酒辄诣。"（《祭张子野文》）我们在酒吧里长谈，没有提到苏轼。临走他送我一个16开的大笔记本，深绿色的布面封皮，用宋代发明的那种蝴蝶装装订的，有一块砖那么厚，够写很久，呵呵。

* * *

在密州，苏轼写下了他的杰作《江城子·乙卯正月二十日夜记梦》："十年生死两茫茫，不思量，自难忘。千里孤坟，无处话凄凉。纵使相逢应不识，尘满面，鬓如霜。夜来幽梦忽还乡，小轩窗，正梳妆。相顾无言，惟有泪千行。料得年年肠断处，明月夜，短松冈。"这首诗怀念的是他的亡妻王弗。伟大情人的千古名句，令后代的爱人们一读再读，凄然神伤。

在古代中国，写作是自我超凡入圣的道路之一。"知者创物，能者述焉，非一人而成也"（《书吴道子画后》），"惟文字庶几不与草木同腐，故决意为之"（苏轼《答孙志康书》）。尊卑有序，修敬无阶，每个人每种追求都可以成为圣人，写作只是"生生之谓易"（《易经》）的生生之一。写作与世界人生是浑然一体的，一切都要止于至善。文人的文章，或者庶民的无文之文，都是一条道，生生，止于至善。

一为文人，以诗言志，文以载道，就像僧侣进入寺院，必须吾丧我，为道的彰显而隐匿自我。文不是自我的表现，而是"吾丧我"，"齐物"（《庄子·齐物论》），"修辞立其诚"（《周易·乾》），就是自我在大道中匿名。汉语不是工具性的，而是存在性的，"语言是存在之家"（海德格尔《关于人道主义的书信》）。有点像罗兰·巴特所谓的"作者之死"，"不再是为了直接对现实发生作用，而是为了一些无对象的目的，也就是说，最终除了象征活动的练习本身，而不具任何功用……失去其起因，作者就会步入他自己的死亡，写作也就开始了。"（罗兰·巴特《作者之死》）这种"象征活动"，有一个整体的宰制："尽善尽美"，从心所欲而不逾矩。作者之死，乃是作品抵达了至诚。

诗人就是文人，一切都是诗、一切都是文。"物一理也，通其意，则无适而不可。分科而医，医之衰也，占色而画，画之陋也。和、缓之医，不别老少，曹、吴之画，不择人物。"（苏轼《跋君谟飞白》）文人就是为世界文身者，写一切，文教，止于至善，甚美。苏轼的写作五花八门，生活就是艺术，就是写作。"能文而不求举，善画而不求售，文以达吾意而已，以其不求售也，故得之自然。"（《书朱象先画后》）他是第一流的画家（开创了中国的"文人画"），第一流的书法家，他什么都写，诗、赋、札记、诏书、口宣、奏议、表疏……诗书琴画。什么能够生生，至善，他写什么。虽被后世尊为诗人，但在文体上，苏轼并没有厚诗薄文，"为文至多，而未尝敢有作文之意。"（《苏轼（南行前集叙》）苏辙说："至其遇事所为诗骚铭记书檄论撰率皆过人。""公之于文，得之于天。"（《东坡先生墓志铭》）《四库提要·东坡全集》有一百一十五卷，还不包括乌台诗案时被毁掉的那部分，它们都是用毛笔一个字一个字写下的。

"有敕。卿等通两国之欢，不远千里。驱一乘之传，来庆三朝。"（苏轼《赐大辽贺正旦人使正月六日朝辞讫就驿御筵口宣制》）；"有敕。卿拔自循良，老于文学。禁林之命，儒者所荣。往祗厥司，以究所蕴。宣诏许内翰入院口宣。"（苏轼《宣诏许内翰入院口宣》）"朕即位二年，水旱继作。致灾之故，实惟冲人。既延及于无辜，复贻忧于文母。是以坐不安席，食不甘味。"（苏轼《赐文武百寮文彦博已下上第一表请皇帝御正殿复常膳不允批答》）；"礼之至者无文，哀之深者无节。故禅而不乐，古人非以求名；琴不成声，君子以为知礼。朕以宗庙之重，勉蹈先帝之余。履其位惕然而自惊，用其物潸焉而出涕。"（苏轼《赐文武百寮太师文彦博已下上第一表请举乐不许批答》）；"夫以才御物，才有尽而物无穷；以道应物，道无穷而物有尽，……赐宰相吕公着乞罢相位除一外任不许批答。"（苏轼《赐宰相吕公着乞罢相位除一外任不许批答》）……都是苏轼写的，就是为朝廷起草的文件，也有许多是苏轼自己的观点。他为朋友写墓志铭，为乳母写墓志铭："赵郡苏轼子瞻之乳母任氏，名采莲，眉之眉山人。父遂，母李氏。事先夫人三十有五年，工巧勤俭，至老不衰。乳亡姊八娘与轼，养视轼之子迈、迨、过，皆有恩劳。从轼官于杭、密、徐、湖，谪于黄。元丰三年八月壬寅，卒于黄之临皋亭，享年七十有二。十月壬午，葬于黄之东阜黄冈县之北。铭曰：生有以养之，不必其子也。死有以葬之，不必其里也。我祭其从与享之，其魂气无不之也。"（苏轼《乳母任氏墓志铭》）他写胡麻赋、蜜酒歌、猪肉颂、老饕赋、菜羹赋……

元丰二年（1079年），苏轼43岁，被派去湖州任知州，他向皇帝呈递了《湖州谢表》。那时候官员每被派到一个地方任职，都要写这样的表，谢表也要在朝廷定期出版的公报上发表。在这个谢表里，苏东坡说："陛下知其愚不适时，难以追陪新进；察其老不生事，或能牧养小民。""新进""生事"之类的隐喻激怒那些支持王安石的官员，就要寻机灭掉苏轼。这些官员在苏轼做的事上找不出罪证，就转向他的诗歌、文章。苏轼时代，一个大臣持不同政见很正常，朝廷经常有大臣因政见不同而辞职（比如司马光、王安石）。小人们为苏轼罗列的罪名不是因为他的不同政见，而是他的诗歌暗示出"不臣之心"。

1079年7月28日，苏轼在湖州任上因写诗"谤讪朝廷"被监察御史李定告发，逮捕，押往御史台关押。苏轼尚未定罪，"诟辱通宵"（苏颂语），关在监狱里等着宣判。皇室崇拜苏轼文才的人不少，包括皇帝的母亲。告发者担心他会被释放，于是更积极地在他的作品里翻找"微言大义"、隐喻、象征。这些告密者自己也是写诗写文章的人，自然娴熟于含沙射影、言此意彼、断章取义这一套。御史台里行（里行，资历较浅的官员）舒亶用了四个月的时间研读苏轼的诗，此时他可不是一个诗歌批评家，苏轼的诗集在他看来，只是一堆案卷、罪证，不是美而是政。他终于找到一些片段上奏朝廷，说苏轼的诗"包藏祸心，怨望其上（埋怨皇帝），讪渎谩骂（亵渎谩骂）"，"触物即事，应口所言，无一不以讥谤为主"，"无复人臣之节者（不守大臣的规矩），未有如轼也。盖陛下发钱以本业贫民（指青苗贷款，帮助贫困的农民。），则曰'赢得儿童语音好，一年强半在城中'（《山村五绝》）；陛下明法以课试郡吏（颁布法令考核官员的政绩），则曰'读书万卷不读律，致君尧舜知无术'（《戏子由》）；陛下兴水利，则曰'东海若知明主意，应教斥卤（盐碱地）变桑田'（《八月十五日看潮》）；陛下谨盐禁（宋代曾实行盐由国家专卖），则曰'岂是闻韶解忘味，尔来三月食无盐'（《山村五绝》）"。（朋九万《东坡乌台诗案》）舒亶奏请将苏轼处死。身为宰相的王珪也甘当小人。这首诗被王珪从苏轼诗集里面挑出来："凛然相对敢相欺，直干凌云未要奇。根到九泉无曲处，世间惟有蛰龙知。"（《王复秀才所居双桧》）王珪对宋神宗说，"根到九泉无曲外，岁寒惟有蛰龙知"是对"陛下有不臣意"。"陛下飞龙在天，轼以为不知己，而求知地下之蛰龙，非不臣而何？"（李焘《续资治通鉴长编》）苏轼麻烦大了，"利用小说反党"。这首诗本来是苏轼写给钱塘的中医王复的，王复家种着两棵桧树，苏轼借着赞美这两棵古树来暗示他对王复人品的仰慕。

诗只是诗，虽然一再被各时代的诗人申明，但读者一到关键时刻，就将诗理解为事实本身，美降格为事实，成为可以呈堂取证的证据。尽善尽美，善成为现世在场的道德、政治尺度，超越性的尽美被忽略不计。"甚美"常常被好事者交给有司去定夺，而有司也认为自己有资格和权力定夺。美政，无事的时候是诗，一旦有事，美政分裂，那就是政。"政塞道丧，若违忤要势，即恐祸不旋踵，虽以清白自守，犹不能免请谒之累。"（政治封闭大道沦丧，写作就是不合时宜的异端，时常害怕着祸从天降。虽然只是纯粹地无关政治地写也难免常常要战战兢兢自我辩护。）（李百药《北齐书·袁聿修传》）在中国这种文化传统中，写作是刺激的，令人兴奋的，也是危险、令人恐惧的。文教充满魅力，"一封朝奏九重天，夕贬朝阳路八千"（韩愈《左迁至蓝关示侄孙湘》），极端的时候，甚至导致杀生之祸，诗歌天才被嫉妒、陷害的事情在中国历史上并不少见。杜甫写到李白的时候，曾说"世人皆欲杀，吾意独怜才"（《不见》）。野史记载，唐代诗人刘希夷曾经写下"年年岁岁花相似，岁岁年年人不同"（《白头吟》）的诗句，他舅舅宋之问为这两句诗迷狂，要求刘把这两句诗让给他，刘希夷不干，宋之问就杀害了刘希夷。

　　文政合一，并不意味二者没有分别。诗蛊惑人心，崇尚语言的自由无为，"澹无为而自得"（屈原《远游》），"笔落惊风雨，诗成泣鬼神"（杜甫《寄李十二白二十韵》）在文政合一的开明的时代，文化导致政通人和。在另一方面，由于文追求自由表达的本性而异常危险，头上总是悬着达摩克利斯之剑。文的悖论，它一方面是"位焉"，另一方面，它"师法造化"，试图代神立言，"圣人之学也，以其所见者推其所不见者。"（苏轼《东坡易传》）说不可说之说，道非常道之道。文对迹象进行的解释，通常是不确定的、模棱两可的、感觉性的、表现性的、启示性的，信不信由你。怎么解释都行，解释越不确定的越被视为好诗。

　　法国哲学家朱利安在《间距与之间——论中国与欧洲思想之间的哲学策略》一文讨论文的不确定："对柏拉图而言，之间的想法找不到实际可以立足之处，它只能来自混合与'驳杂'，来自必须解开的错乱之混淆的认同。希腊人对"极端"深深着迷，因为只有极端会凸显出来，具有可分辨的特征而且可让人辨识它们之间的差异。但是希腊人可能忽略了流动的'两者之间'与过渡时的'模棱两可'。它们都不具有特定属性，它们是老子所谓的道。其后果是，柏拉图无法给这个生命之间任何实质，因此把生命一分为二……排除了生成与暧昧，但是生活的思想却因此被遗弃了。""中文词既没有词尾变化，也没有性、数、格变化，所以它几乎不建构，而是使用相关性发挥作用，强调肇因之中（非常有名的阴阳）两极的互动关系。同样地，中文也没有动词变化，因此——犹如欧洲语言的动词不定式——很自在地让人听见，事物沉默地进行着不确定之过程，那就是'道'。"

苏轼在《东坡易传》中解释过"道"："道者，器之上达者；器者，道之下见者。其本一也。""物生然后有象，象立而阴阳隐矣，凡可见者皆物也，非阴阳也。""世之所谓变化者，未尝不出于一而两于所在也。""两于所在"就是朱利安所谓"两者之间"与过渡时的"模棱两可"。"圣人无能，因天下之已能而遂成之。""上而为阳，其渐必虚。下而为阴，其渐必实。至虚极于无，至实极于有，无为大始，有为成物。夫大始岂复有作哉？"有作，就是有心。就是朱利安所谓的"只有极端会凸显出来，具有可分辨的特征而且可让人辨识它们。"有心，就是不信，不信，不服，所以要极端、凸出。"天非求同于物，非求不同于物也，立乎上而天下之能同者自至焉，其不能者不至也，至者非我援之，不至者非我拒之，不拒不援，是以得其诚。"道是先验的，"我有是道，物各得之，如是而已。"道必须信任，"凡有心者，虽欲一不可得也。不一则无信矣，夫无信者岂不难知难从哉。乾坤唯无心故一，一故有信，信故物知之者易，而从之者也不难。""我与物为二，君子之欲交于物也，非信而自入矣，譬如车，轮舆既具，牛马既设，而判然二物也，夫将何以行之？惟为之軏軏以（车辕与衡轭联结处插上的销子）交之，而后轮舆得藉于牛马也。軏軏，辕端持轭者（驾车时搁在牛马颈上的木架）也。故曰：'人而无信，不知其可也。大车无軏，械无軏，其何以行之哉？'车与马得軏軏而交，我与物得信而交。金石之坚，天地之远，苟有诚信，无所不通。吾然后知信之物軏也。"（苏辙《论语拾遗》）

　　文的最高境界是几近于道。几是距离、层次。怎样的文几近于道？孔子认为诗可"群"，孔子暗示，诗导致的群、团结、共享的层次几近于道。"诗三百"何以能够流传至今，因为群。但是，文的"几近于道"，也可以通过权力来定夺。这是文的"以其所见者推其所不见者"（《东坡易传》）的一个天然悖论。道在屎溺，但道不是屎溺，但有时候，道就是屎溺。苏轼时代，朝廷中几乎人人写诗，写得好的不在少数，懂得诗之奥妙的也不在少数。美政，美的事，可以交给美去定夺，也可以交给行政、有司去定夺。诗并非事实本身。天人合一，但是天也是天，人还是人，无论如何天人合一，开端处的分是无法弥合的。哲人孟子早就预见到文与政最终无法合一，他提出"穷则独善其身，达则兼善天下"。这意思也是，政见不合就独立写作，政见合的时候就美政。天是天，人是人，文政合一只有通过中庸之度来调整。完全的一仅是暂时的，分久必合，合久必分，这也是一阴一阳谓之道。古代文统的软肋在于，中庸之道仅依赖权力者个人的修养，慎独（阴），而缺乏制度（阳的）的保证。文人苏轼运气好，生逢其时。文化在宋已经具有宗教的地位。"郁郁乎文哉"（深邃沉默的文啊！）文具有最高的、神性的制约力量，一切世俗行为的最高核准权，某种程度上甚至制约着权力。诗是文统的核心，诗人就像神职人员。宋神宗就是真的忌惮苏轼，他也必须收敛。宋神宗看了被王珪告发的苏轼的诗后，说："诗人之词，安可如此论？"真是千古至言。这位"有司"不但有权力，而且有较高的修养，是明白"诗就是诗"的。他说："彼自咏桧，何预朕事？""龙者非独人君，人臣也可以言龙也。"他还指出："自古称龙者多也，如荀氏八龙（东汉荀淑八子皆贤，时谓荀氏八龙），孔明卧龙，岂人君耶？"（李焘《续资治通鉴长编》）王珪顿时"语塞"。王安石也施援手，他虽然在变法上专断独行，但并非为了一己之私，而是忠诚于他的政治主张。苏轼的门人黄庭坚说："余尝熟观其（王安石）风度，真视富贵如浮云，不溺于财利酒色，一世之伟人也。"（《跋王荆公禅简》）王安石不喜欢苏轼的政见，"轼与臣所学及议

82

论皆异"，但并不因此否定苏轼作为诗人、朋友的存在。这时，他已经被贬官，不在朝中，他听到苏轼命在旦夕，就写信派人连夜飞马进京递给宋神宗。信中说："岂有圣世而杀才士乎？""王者虽以武功克定，终须用文德致治。"（《宋史》）宋太祖曾经立碑"不杀士大夫和上书言事者"。

* * *

苏轼没有被处死，1080年被流放到黄州。

黄州，在苏轼时代，是一个穷山恶水的流放地，古有"陋邦"之称。长江流到这里，在一片滑腻的红色砂岩（丹霞地貌）上迅速滚下，什么也留不住。但是在苏轼眼里，世界无处不可在，无不可诗。"某凡百粗遣，厄困既久，遂能安之。"（苏轼《答苏子平先辈二首》）"余尝寓居惠州嘉佑寺，纵步松风亭下。足力疲乏，思欲就亭止息。望亭宇尚在木末，意谓是如何得到？良久，忽曰：'此间有甚么歇不得处？'由是如挂钩之鱼，忽得解脱。"（苏轼《记游松风亭》）"罪大责轻，得此甚幸，未尝戚戚。"（苏轼《与王定国书》）"此间有甚么歇不得处？"（苏轼《记游松风亭》）在《自题金山画像》这首诗中，苏轼写道："问汝平生功业，黄州、惠州（我曾经住在惠州嘉佑寺，有一次小跑到松风亭下，跑不动了，想着就在这里休息歇脚吧，但是看看嘉祐寺还在森林那边，什么时候走得到啊。想了一阵，忽然说，为什么不能就睡在这里呢？于是就像逃脱了钓钩的鱼一样解脱了。）、儋州。"这三个地方都是苏轼的流放地。苏轼不认为开封是他功业发达的地方，他的功业开始于他落难的时候，开始于流放地。

苏轼的流放其实只不过是下野，归隐。没有人要改造他的世界观和政见，虽然失意于政治，但人们继续承认他作为诗人的神职地位。在苏轼整个流放生涯中，一直被他的读者顶礼膜拜。黄州太守陈君式非常尊重他，为他的生活提供了许多便利。在《初到黄州》这首诗中，苏轼写道："自笑平生为口忙，老来事业转荒唐。长江绕郭知鱼美，好竹连山觉笋香。逐客不妨员外置，诗人例作水曹郎。只惭无补丝毫事，尚费官家压酒囊。"完全是闲云野鹤。这种优哉游哉的流放，只出现在文教的中国。在苏轼的笔下，黄州被写成了一个天堂。"临皋亭下八十数步便是大江，其半是峨眉雪水，吾饮食沐浴皆取焉，何必归乡哉！江山风月，本无常主，闲者便是主人。东坡居士酒醉饭饱，倚于几上。白云左缭，清江右洄，重门洞开，林峦坌入。当是时，若有思而无所思，以受万物之备。惭愧！惭愧！"（临皋亭向下走八十几步就是长江，江水一半来自峨眉的雪，我吃饭洗澡都用这水。何必回家乡嘛。江山风月，本来就没有主人，谁有闲心谁就是主人。我酒醉饭饱，靠着小桌。白云在左边缭绕，清澈的江水在右边徘徊，高山像门一样一座座打开，其间是一片片雾一样的森林。这个时候，若有思而无思，全身心都投入造物主为我备下的万物。不好意思！不好意思！）（《临皋闲题》）苏轼不是本质主义者，他更像一位存在主义者，随物赋形，"受万物之备"（苏轼《书临皋亭》）。"造物者之无尽藏也，而吾与子之所共适。"（苏轼《前赤壁赋》）

＊　＊　＊

黄州如今已不叫黄州，数年前被当地政府改名为黄冈。黄冈著名的不是苏东坡，而是黄冈中学。这个中学不会教学生写策论，而以培养准确无误地答对标准答案的考试状元而著名。一位出租车司机告诉我，我们黄冈的名人多得很，他提了几位将军和官员的名字，没有提到苏轼。在《念奴娇·赤壁怀古》里提到的赤壁之上，根本看不见"乱石穿空，惊涛拍岸"，惊涛早已被堤坝挡在数千米之外，赤壁之上只有一个公园。"陈旧的景区规划都已经跟不上游客的需要，急需进行改造升级。通过两年的申报、审批手续，我市东坡赤壁基础设施项目于今年（2013年）正式动工实施，目前，改造工程正在紧锣密鼓地进行中。整个项目的工程费用是1082万。还将申创国家4A级风景名胜区。""所有的路面硬化，铺装。然后所有的草皮，苗圃，树木的改良，让（游客）一年四季都有花可看。还对公园的水体也进行了改造，现在的生活污水都是直接排进来的，外面建了两个化粪池，进行了两级的净化处理，争取还一个碧水蓝天。"（摘自黄冈新视窗网消息，黄冈电视台记者余敏汪莉 吴雷 陈霄报道，2013-10-15）

在黄冈城边上，修建了风景区来纪念苏轼，叫做遗爱湖风景区。"遗爱"一词来自苏轼，苏轼在黄州时，黄州的另一位太守徐君猷也热爱他的文章，俩人常在"竹间亭"饮酒写诗，交情甚笃。徐君猷离任后，苏轼将竹间亭改为遗爱亭。这个徐君猷"无赫赫名"，离开后却令人思念。苏轼说，所以亭子改名为"遗爱"。徐君猷在黄州时，"未尝怒也，而民不犯；未尝察也，而吏不欺；终日无事，啸咏而已。每岁之春，与眉阳子瞻游于安国寺，饮酒于竹间亭，撷亭下之茶，烹而饮之。"（苏轼《遗爱亭记》）徐君猷死后，苏轼黯然写道"雪后独来栽柳处，竹间行复采茶时。山城散尽樽前客，旧恨新愁只自知。"（《徐君猷挽词》）这个遗爱亭公园占地5400余亩，宽阔坦荡的广场，摆着许多石头，上面刻着苏轼的诗词，还有一个纪念馆。必须乘着电动游览车才能游览，在里面参观了一上午，因为太空旷，脸膛被冷风吹得发紫。解说员说，还没有走完一半呢。

黄冈的苏学专家王琳祥告诉我，以前，前往东坡赤壁的山道两侧，一路都是牌坊、碑刻。人们三步一叩，五步一香地前去朝拜。二赋堂还在。王琳祥说，清康熙初年，有"天下第一廉吏"之称的黄州知府于成龙重修了赤壁景区。为了纪念苏东坡，他将修复的楼台亭阁名之为"二赋堂"。堂顶的中梁下面立着一块黑漆木屏风，屏风的前面是程之桢用楷书写的《前赤壁赋》，后面是李开书以魏书写的《后赤壁赋》，二赋堂的匾是李鸿章写的，堂前对联为黄兴所撰，这些字都极为虔诚恭敬，不敢逞才使气。将一位诗人的文章神位一样地供着，就像汉谟拉比法典上的碑文。王琳祥说，经常有游客站在这里高声朗诵。二赋堂旁边还有苏祠，苏轼的塑像前支着香炉，下面是蒲团，跪拜的人很多，已经压扁磨破了。苏门四学士黄庭坚、秦观、晁补之、张耒塑像恭立两侧。王琳祥正在为我们一一讲解，忽然，一个穿着白衬衣，脚上穿着一双解放牌球鞋的年轻人从廊柱间闪出，一把揪住老王，自称他是黄庭坚的四十几代孙。"我向你请教一个问题"，连珠炮般的一口气提了十多个为什么。又与王老讨论真正的赤壁到底在哪里，因为湖北省还有一个赤壁市，以前那个地方属于咸宁，1998年6月更名为赤壁市。许多游客以为那里就是苏东坡写《赤壁怀古》的赤壁。王琳祥说："'赤壁'，必是赤色的崖壁或是光秃秃的山壁。蒲圻赤壁山色不赤且不光秃，为什么称其为'赤壁'？"

滔滔不绝地考证起来，他真是博览群书。刚刚要走，又过来四位游客，王老又被叫住了，要请王老师讲讲苏东坡的"赤壁之游"在什么位置，"东坡游的不是急流滚滚的赤壁摩崖上游，而是长江的洄水湾矶窝湖。"老王说。老王62岁，自号赤壁山人。他喜欢吹箫，有时候一个人站在赤壁后面的树林里吹，"苏东坡听得见的"。他曾经将自己结婚日定在农历"七月之望"，旁人大惊。他著有《苏东坡谪居黄州》等书，对苏东坡在黄州的遗迹了如指掌。他领我们走进黄冈中学，指着篮球场旁边的一块空地，说那就是定慧院。又走去一个街口，在西瓜摊、西药店、烤鸡铺子、杂货铺、报刊亭之间，老王说这就是承天寺，我有些迷糊，面前车水马龙，一个交通警察在指挥车辆，老太太惊魂未定地站在路中间，没有一辆车停下来让她过路。我们又穿过小巷，一路经过下水道、垃圾箱、饭馆漆黑的抽油烟机、写着买卖非法物品的电话号码的肮脏墙壁、挂着红色门帘的可疑理发室……这一路要遇见"长江绕郭知鱼美，好竹连山觉笋香。"（苏轼《初到黄州》）"不问人家与僧舍，拄杖敲门看修竹。"（苏轼《寓居定惠院》）"林深雾暗晓光迟，日暖风轻春睡足"（苏轼《海棠》）……必须有神仙的想象力。他完全忽视眼前的一切，不停地为我指出这是雪堂，这是东坡，那是南堂……最后带我们来到位于一座小山顶的五层居民楼，每家的窗子都安着笼子般的钢筋焊接的防护栏，黑压压地抓着这栋楼。楼道的墙壁上贴满小广告，楼梯边堆积着住户的家什。上到楼顶，他说这就是栖霞楼所在。"余谪居黄州，三见重九，每岁与太守徐君猷会于栖霞楼。"（苏轼《醉蓬莱》）我小心着不被楼顶上的电线、建筑垃圾绊倒，望出去，看不见长江。那河流感觉是在远方天底下，黄蒙蒙的一条。楼前是各种建筑物的水泥顶，吊车的顶、高压电塔、私装的锅盖式天线、太阳能热水器的长桶……穿着已经大众化的高尔夫球衫、留着分头的老王站在楼边，闭着眼睛，奋身朗诵"乱石穿空，惊涛拍岸，卷起千堆雪……"（苏轼《念奴娇·赤壁怀古》）。起风，狂灰卷过城市的天空，新的混沌之间，依然感觉得到那种苍茫寥廓，似乎听得见浩浩荡荡的激流。

"郡中无一人旧识者。时时策杖在江上，望云涛渺然……"（苏轼《别王文甫子辩》）。在黄州，苏轼没有房子，他自己盖："苏子得废园于东坡之胁，筑而垣之，作堂焉，号其正曰'雪堂'。堂以大雪中为，因绘雪于四壁之间，无容隙也。起居偃仰，环顾睥睨，无非雪者，苏子居之，真得其所居者也。"（苏轼得到一个废弃的园子，在东坡的一个侧面，将它垒筑平坦，盖了房子，取名雪堂。因为盖房子的时候在下大雪，所以在四壁上画满了雪。起居睡觉，看见的都是雪，真是我想住的房子呵。）（《雪堂记》）没有粮食，他自己种，"近于侧左得荒地数十亩，买牛一具，躬耕其中。今岁旱，米贵甚。近日方得雨，日夜垦辟，欲种麦，虽劳苦却亦有味。"（苏轼《与王定国书》）就苏轼自己的生活记录来看，被流放到黄州，并非今人所理解的逆境，倒是摆脱了案牍劳形的一种自由、解放。"邻曲相逢欣欣，欲自号鏖糟陂里陶靖节，如何？"（邻居相见很高兴，我想取个别号叫做漂着污垢的澡堂里的陶渊明，怎么样啊？）（苏轼《与王定国书》）

"寓一僧舍，随僧蔬食，甚自幸也。感恩念咎之外，灰心杜口，不曾看谒人。所云出入，盖往村寺沐浴，及寻溪傍谷钓鱼采药，聊以自娱耳。"（苏轼《与王定国书》）

"信笔乱书，无复伦次，不觉累幅。书到此，恰二鼓，室前霜月满空。"（苏轼《与王定国书》）

"闲废无所用心，专治经书。一二年间，欲了却《论语》、《书》、《易》……"（苏轼《与滕达道书》）

"布衣芒峤，出入阡陌，多挟弹击水，与客为娱乐。每数日必一泛江上，随其所往；乘兴或入旁郡界，经宿不返，为守者极病之。"（郑景望《蒙斋笔谈》）

"顷在黄州，春夜行蕲水中，过酒家饮，酒醉，乘月至一溪桥上，解鞍，曲肱醉卧少休。及觉已晓，乱山攒拥，流水锵然，疑非尘世也。书此语桥柱上。'照野弥弥浅浪，横空隐隐层霄。障泥未解玉骢骄，我欲醉眠芳草。可惜一溪风月，莫教踏碎琼瑶。解鞍欹枕绿杨桥，杜宇一声春晓。'"（有一次在黄州的时候，骑着马走在春天之夜的蕲水畔，经过酒馆就进去喝几杯，喝醉了，乘着月光来到一溪桥上，解鞍下马，醉醺醺地躺下，把胳膊当作枕头。睡醒时天已经亮了，猛然看见乱山簇拥在周围，流水响亮，怀疑是在天堂里。就填词一首，题在桥上："照野弥弥浅浪，横空隐隐层霄。障泥未解玉骢骄，我欲醉眠芳草。可惜一溪风月，莫教踏碎琼瑶。解鞍欹枕绿杨桥，杜宇一声春晓"。）（苏轼《西江月·顷在黄州》）

"昨夜偶与客饮酒数杯，灯下作李端叔书，又作太虚书，便睡。"（苏轼《与秦少游书》）

"余既治东坡，筑雪堂于上。人俱笑其陋，独鄱阳董毅夫钺过而悦之，有卜邻之意。乃取归去来词，稍加隐括，使就声律，以遗毅夫。使家童歌之，时相从于东坡，释耒而和之，扣牛角而为之节，不亦乐乎？"（我整理好东坡，盖了雪堂，人们都嘲笑太简陋了。只有鄱阳来的朋友董毅夫（董钺）很喜欢，有意与我做邻居。就把陶渊明的《归去来兮辞》稍微修改以合词可以歌唱的韵律，书写送给毅夫。如果叫家童歌咏这个词，在东坡耕地的人们听见歌声都放下犁把，扣着牛角打着拍子，不是很快乐吗？）（苏轼《哨遍》序）

"君数书，笔法渐逼晋人，吾笔法亦少进耶？画不能皆好，醉后画得一二十纸中，时有一纸可观，然多为人持去，于君岂复有爱，但卒急画不成也。"（苏轼《与王定国三十五首［之十三］》）

"苏东坡与客论食次，取纸一幅以示客云：'烂蒸同州羊羔，灌以杏酪香粳，荐以蒸子鹅，吴兴庖人斫松江鲙；既饱，以庐山玉帘泉，烹曾坑斗品茶。少焉解衣仰卧，使人诵东坡先生《赤壁前后赋》，亦足以一笑也。'"（苏东坡与客人谈论美食后，取来一幅字画给大家看，说：吃蒸烂的、杏子香粳勾芡的同州产羊羔肉，再加上蒸子鹅和吴兴厨师烹制的松江鲙鱼，饱了，用庐山玉帘泉的水，泡曾坑斗品茶。喝上几杯，然后解开衣扣躺着，使人朗诵我的《赤壁前后赋》，也可以一笑的。）（朱弁《曲洧旧闻》）

律诗在晚唐已经走向模式化，束缚着诗人的创造力。一种新的写法自民间悄然开始，长短句——词出现了。词起源自胡夷、里巷之曲，就像现在的自由诗一样，它最初受到外来文化的影响。许多正统诗人看不上这种写作，他们打击这种写法不是纯正的诗，是"小道""诗余"，诗的副产品。诗人（李清照）认为，词，"虽协音律，而语词尘下"（《词论》）。有位叫钱惟演的诗人，"平生唯好读书，坐则读经史，卧则读小说，上厕则阅小词"（欧阳修《归田录》）。律诗仅七言、五言两种格式。词将近似口语的长短句配以较为宽容的平仄节奏形成词牌，每个词牌由固定字数、韵律的长短句组成，词牌多达两千多种，这为诗开拓了更广阔的空间。最早将词当作诗来写的是诗人柳永，柳永的词，形式是新的，意境依然是晚唐流行的浅酌低唱、风花雪月的"柳七郎风味"。直到苏轼，词才被庄重严肃地对待，不再是"小道"，"为诗之苗裔"，"萧然有远古风味"（苏轼《与鲜于子骏书》）。"苏东坡词，人谓多不谐音律。然居士词横放杰出，自是曲子中缚不住者。"（晁无咎语，见吴曾《能改斋漫录》）"东坡先生非心醉于音律者，偶尔作歌，指出向上一路，新天下耳目，弄笔者始知自振。"（王灼《碧鸡漫志》）诗人陆游在《老学庵笔记》中说："世言东坡不能歌，故所作乐诗，多不协律。晁以道云：'绍圣初与东坡别于汴上，东坡酒酣，自歌《古阳关》，则公非不能歌，但豪放不喜裁剪以就声律耳。'""近却颇作小词，虽无柳七郎风味，亦自是一家"（苏轼《与鲜于子骏书》）。"东坡在玉堂，有幕士善讴，因问：我词比柳词何如？对曰：柳郎中词，只好十七八女孩儿，执红牙拍板，唱杨柳岸，晓风残月；学士词须关西大汉，执铁板，唱大江东去。"（俞文豹《吹剑续录》）苏轼一方面将词从音乐的附庸地位里解放出来，词不再只是歌词，而是一种可以脱离音乐独立的新诗体。另一方面，他引领着诗摆脱形式主义的语词游戏，重返活泼泼的生活世界，走向雄浑开阔深邃的意境。

在黄州，苏轼写下了他那些最杰出的作品。"东坡词颇似老杜诗，以其无意不可入，无事不可言也。若其豪放之致，则时与太白为近。太白《忆秦娥》，声情悲壮。晚唐、五代，惟趋婉丽。至东坡始能复古。"（刘熙载《艺概》）

"夜饮东坡醒复醉，归来仿佛三更。家童鼻息已雷鸣。敲门都不应，倚杖听江声。长恨此身非我有，何时忘却营营？夜阑风静縠纹平。小舟从此逝，江海寄余生。"（苏轼《临江仙》）电影镜头般的、叙事、抒情、思浑然一体，在中国古典诗歌里独树一帜。中国诗歌的传统是大地赞美，苏东坡的大地赞美走得更远，深入到思的层次，以文为诗。他开始思之诗，诗像文一样展开，深入到世界人生的幽微之处。

"为米折腰，因酒弃家，口体交相累。归去来，谁不遣君归？觉从前皆非今是。露未晞，征夫指予归路，门前笑语喧童稚。嗟旧菊都荒，新松暗老，吾年今已如此！但小窗容膝闭柴扉，策杖看孤云暮鸿飞，云出无心，鸟倦知返，本非有意。噫！归去来兮，我今忘我兼忘世。亲戚无浪语，琴书中有真味。步翠麓崎岖，泛溪窈窕，涓涓暗谷流春水。观草木欣荣，幽人自感，吾生行且休矣！念寓形宇内复几时？不自觉皇皇欲何之？委吾心、去留谁计？神仙知在何处？富贵非吾志。但知临水登山啸咏，自引壶觞自醉。此生天命更何疑？且乘流、遇坎还止。"（苏轼《哨遍》）好一个"且乘流、遇坎还止"！过去的诗歌要么意气飞扬，要么婉转低沉，并且有着相对固定的诗歌专业辞典。苏轼的诗外枯中膏、客观冷静、不事张扬、大巧若拙，寓深刻于平淡，"以俗为雅"，"常言"，"街谈市语，皆可入诗，但要人镕化耳"（周紫芝《竹坡诗话》）。"东坡词颇似老杜诗，以其无意不可入，无事不可言也。若其豪放之致，则时与太白为近。"（刘熙载《艺概》）"冲口出常言，法度去前轨。"（苏轼《诗颂》）"大略如行云流水，初无定质，但常行于所当行，常止于所不可不止，文理自然，姿态横生。"（苏轼《答谢民师书》）叙事、写景、议论、抒情颇近散文，但被诗性的语感收摄，语气平和而意蕴幽微深邃，貌似冷静客观其实暗藏玄思，颇近现代的奥登。

＊　＊　＊

有个故事说，年轻时章惇（苏轼的同乡，官至宰相）与苏轼同游南山，到了仙游潭，潭在万仞绝壁之下，下去的小路非常狭窄。章惇请苏轼到潭边的岩壁上去题字，苏轼不敢。章惇冒着危险走下去，蘸着漆墨挥毫在石壁上大书六个字："章惇苏轼来游。" 后来苏轼拍着章惇的背说："你以后当了官，一定敢杀人。"章惇问："为啥？"苏轼说："自己的命都不要的人当然敢杀人。"章惇大笑。苏轼与章惇不同，章惇不顾生命危险，将名字"漆墨濡笔大书石壁"，名重于生命。苏轼"不敢"，他不"拼命"，他重视身体，热爱生命。"君子黄中通理，正位居体。美在其中，而畅于四支，发于事业，美之至也。'黄'，中之色也；'通'是'理'，然后有是色也。君子之得位，如人之有四体为己用也。有手而不能执，有足而不能驰，神不宅其体也。"（君子黄色居中而兼有四方之色，有健康居正的身体真理才能施行通达。美在其中，还要身体四肢通畅才能体现出来，才能发达事业。这才是美［否则美只是概念、观念。］黄，就是身体中看不见的居中之色［精神之色］，通达、呈现就是理，理通才成为色〈可见的表象〉。君子能够守住上天赐予他的本位，就像人有着只属于他自己的五官四肢，如果有手而不能用，有脚而不走，神就不在他的身体里面了。）（《东坡易传》）

苏轼时代的理学家是这个样子："屏居南山下，终日危坐一室，左右简编，俯而读，仰而思，有得则识之，或中夜起坐，取烛以书。"（吕大临《横渠先生行状》）在司马光的葬礼上，理学家程颐拘泥于教条，不顾人情。苏东坡带领百官供奉先帝灵牌后，赶到司马光府上。程颐不准进去，说："这不合乎孔子立下的规矩，《论语》云：'子于是日哭，则不歌'。"意思是，你们供奉先帝灵牌时已听了乐曲，同一天怎么能来哀悼逝者呢? 你没读过《论语》吗? 苏轼说："《论语》中也未'子于是日歌，则不哭'嘛!"意思是《论语》中也没说听了歌曲当天就不能哭嘛! 苏东坡就带百官径直入府，又发现司马光的儿子、亲属没有出来接待前来吊唁的来宾，因为程颐不准，说是司马光的儿子若真正孝顺，应去悲痛，不能在外待客才合古训。苏东坡当众骂程颐道："你真是个鏖糟死脑筋呵。""程颐不悦于颐，颐门人贾易、朱光庭不能平，合攻苏轼。"（《宋史列传》）朱熹也不喜欢苏轼，认为苏轼文辞伟丽，近世无匹，但"其词意矜豪谲诡"（《答程允夫》），不是那些知道"道"是什么的君子"所欲闻"。朱熹说，"圣人千言万语只是教人存天理，灭人欲"（《朱子语类》），他的本意是人不应当被欲望遮蔽了生命的本真。但是，"天理"、观念、主义被理解为与身体、生命对立的思潮也开始出现。道法自然走向模式化、观念化，那时代许多士大夫离大地越来越远，失去了行动能力，与生活世界的场域越来越远。道法自然，他们可以将"自然"制作成自己家内的园林、盆景，关起门来自我陶醉。柳永的诗之所以气象纤弱，也与柳永的歌廊酒肆、楼台亭阁、假山画船、"关河冷落，残照当楼"（《八声甘州》）"飒飒霜飘鸳瓦，翠幕轻寒微透，长门深锁悄悄，满庭秋色将晚。"（《斗百花》）"凤额绣帘高卷，兽环朱户频摇"（《西江月》）的生活世界有关。

苏轼不执于观念，"此心寂然，此身兀然，与虚空等……诸障渐灭，自然明悟：譬如盲人，忽然有眼，此时何用求人指路。"（苏轼《养生说》）他的兄弟苏辙也后现代式地阐释过"思无邪"："《易》曰：'无思无为，寂然不动，感而遂通天下之故。'《诗》曰：'思无邪。'孔子取之，二者非异也。惟无思，然后思无邪；有思，则邪矣。火必有光，心必有思。圣人无思，非无思也。外无物，内无我，物我既尽，心全而不乱。物至而知可否，可者作，不可者止，因其自然，而吾未尝思。未尝为此，所谓无思无为，而思之正也。若夫以物役思，皆其邪矣。如使寂然不动，与木石为偶，而以为无思无为，则亦何以通天下之故也哉？故曰'思无邪。思马斯徂。'苟思马而马应，则凡思之所及无不应也。此所以为感而遂通天下之故也。"（苏辙《论语拾遗》）"酒醉饭饱，倚于几上，白云左绕，清江右洄，重门洞开，林峦坌入；当是时若有所思而无所思，以受万物之备。"（苏轼《书临皋亭》）"物固有是理，患不知，知之，患不能达之于口与手。"（事物固然都有自己的道理，患不知，知之，又患不能说出来或者动手去做。）（苏轼《答虔倅俞括奉议书》）20世纪，梅洛·庞蒂提出"挺身于世界"。"我们以我们的身体实现过渡，这就是我能。每一知觉都是我的身体的肉体统一的一个环节。……自我与身体的关系不是纯粹主我与一个客体的关系。我的身体不是一个客体，而是一种手段，一种知觉。我在知觉中用我的身体来组织与世界打交道。由于我的身体并通过我的身体，我寓居于世界。身体是知觉定位在其中的场。"（《旅程Ⅱ》）几近于轼乎？

苏轼热爱生活，安土忘怀，遵儒而不执于儒（杨子怡语）。相信只有知行合一的行动、动手才能生生，当时代日益从大地、手边退出的时候，他保持着与大地、手边的直接联系，他的诗依然是大地之诗。"大块假我以文章"（李白《春夜宴桃李园序》），中国文明，一开始就是为大地文身。"古来文章，以雕缛成体，岂取驺奭之群言雕龙也？夫宇宙绵邈，黎献纷杂，拔萃出类，智术而已。岁月飘忽，性灵不居，腾声飞实，制作而已。夫人肖貌天地，禀性五才，拟耳目于日月，方声气乎风雷，其超出万物，亦已灵矣。形同草木之脆，名逾金石之坚，是以君子处世，树德建言，岂好辩哉？不得已也！"（刘勰《文心雕龙》）天地有大美而不言，文道法自然，师从造化，苏轼是伟大实践者。

《赤壁赋》是苏轼最伟大的作品之一，思之诗的典范。中国文明一再召唤的不朽诗意再次获得广阔雄浑深邃美妙的命名。抒情、写境、思自然涌出，似乎语词在被从黑暗的大地上召唤而来的宁静喜悦中聚集，就像某种古琴在天地神人四位一体的宇宙中弹奏出来的乐章。此文成为中国文明的一个尺度，对它的理解、感悟可以衡量一个知识分子的品质、悟性、道行、精神境界的高低深浅，像《圣经》一样，可以测量人与神的距离。

作为思想家，苏轼是一位先知。苏轼"凡有思皆邪也，而无思则土木也。孰能使有思而非邪，无思而非土木乎？盖必有无思之思焉。夫无思之思，端正庄栗，如临君师，未尝一念放逸，然卒无所思。"（苏轼《续养生论中》）"天地之间，或贵或贱，未有位之者也；卑高陈而贵贱自位矣。或刚或柔，未有断之者也；动静常而刚柔自断矣。或吉凶，未有生之者也；类聚群分而吉凶自生矣。或蕃或化，未有见之者也；形象成而变化自见矣。故刚柔相摩，八卦相荡，雷霆风雨，日月寒暑，更用迭作。于其间杂然施之，而未尝有择也；忽然成之，而未尝有意也。"（苏轼《东坡易传》）类似的思想，近世有德国的海德格尔，"沉思之思必须保持在非效用性中……一切的发生都是那样了无痕迹。"（海德格尔《作坊杂记》）"不可记者，是不可言不可作也。"（苏轼《东坡志林》）"凡是可以说的都可以说清楚，对于不可以说的就必须保持沉默！"（维特根斯坦《逻辑哲学论》）

苏轼的思想影响到王阳明，董其昌说："王学非出于苏而血脉则苏也。"

* * *

在黄州，苏轼经常乘一叶孤舟去黄州对岸鄂州的西山游览。"每风止日出，江水伏息，子瞻杖策载酒，乘渔舟，乱流而南。山中有二三子，好客而喜游。闻子瞻至，幅巾迎笑，相携徜徉而上。穷山之深，力极而息，扫叶席草，酌酒相劳。意适忘反，往往留宿于山上。以此居齐安三年，不知其久也。"（苏辙《武昌九曲亭记》）那时候的江水是蓝色的，清澈见底。如今，大江上已经无渔舟，江流还在淌着。苏轼的笔下，这河流是大地文章，灵感之源；是目击道存，而不是航道。"天地之间，物各有主，苟非吾之所有，虽一毫而莫取。惟江上之清风，与山间之明月，耳得之而为声，目遇之而成色，取之无禁，用之不竭，是造物者之无尽藏也，而吾与子之所共适。""哀吾生之须臾，羡长江之无穷"（苏轼《前赤壁赋》）这种伟大的世界观已经被人类"蒙者，有蔽于物而已"（苏轼《东坡易传》）的拜物教全面颠覆了。经历了世世代代的折磨、使用，大江的水势不再那么嚣张，水色混浊了一些，流速减慢，似乎有些疲惫。渡轮票是三元钱，渡客不多。江上修了许多大桥，有汽车的人都不坐渡轮过江了，这是无产阶级的渡轮。有人骑着摩托，腿盘在龙头上，都懒得下来，渡轮一靠岸就要冲上去，哪有"哀吾生之须臾，羡长江之无穷"的兴致。大家站在钢板和铁栅栏之间发着呆，马达震耳欲聋地轰响着，十多分钟后，到了对岸。

鄂州是一座水泥和玻璃组合起来的新城，看不出它的历史，许多地方还在大兴土木。陈列在江岸的西山依然草木葱茏。据说三国时候吴王孙权曾在这里读书，建造了避暑的行宫。"山顶即位坛，九曲亭，皆孙氏遗址"（苏轼《武昌九曲亭记》）。大地就是这样吝啬，一江之隔，江北山穷水恶，一到江南，即刻草木葱茏、云蒸雾绕、鸟鸣婉转。"游者至此必息，倚怪石，荫茂木，俯视大江，仰瞻陵阜"（苏轼《武昌九曲亭记》）。现在依然，来鄂州的人都奔西山去。西山的至高点有武昌楼，我们气喘吁吁到了那里，门锁着。几个民工正在脚手架下搬运水泥袋，说是楼正在维修。问谁有钥匙，如果开门的话，可以给点费用。就有一老者走来，给了他五十元，就开门让我们进去。爬到楼顶，极目四望，高天大河，云烟苍茫，几个燕子在翻飞。地面看起来真是惊心动魄，挖出了许多大窟窿，吊塔林立，推土机像是一窝窝黄色的鼹鼠。虽然大地已经被动过，但那工程还是可以忽略不计。"方其破荆州，下江陵，顺流而东也，舳舻千里，旌旗蔽空，酾酒临江，横槊赋诗，固一世之雄也，而今安在哉？"（苏轼《前赤壁赋》）长江自西转来，依然是一派混沌初开的样子。大气滚滚，落日在云层后面若隐若现，还是那一句："浪淘尽，千古风流人物"（苏轼《念奴娇·赤壁怀古》），没什么可说的。

1085年，宋哲宗即位，曾经与苏轼一道反对王安石新政的司马光再任宰相，王安石为首的新党彻底失势。苏轼以礼部郎中被召还朝，半个月后，又升为起居舍人，三个月后，升为中书舍人，不久又升为翰林学士知制诰，知礼部贡举。

苏轼再次发表不同政见，认为王安石的"新法""不可尽改"。"法相因则事易成，事有渐则民不惊。"（苏轼《辩试馆职策问札子》）司马光要"尽废新法"，苏轼认为"民未必乐"，批评司马光"专欲变熙宁之法，不复校量利害，参用所长……所以一一缕陈者，非独以自明，诚见士大夫好同恶异，泯然成俗，深恐陛下深居法宫之中，不得尽闻天下利害之实也。"（苏轼《辨试馆职札子》）他不肯"唯温（司马光封温国公）是随"，"昔之君子，唯荆（王安石）是师。近之君子，唯温是随。所随不同，其为随一也。老弟与温相知至深，始终无间，然多不随耳。"（苏轼《与杨元素》）他的"不执"，再次与政治的"固执""我执"发生冲突。

殿中侍御史来之邵向有司报告："轼臣先朝，久以罪废。至元祐擢为中书舍人、翰林学士。轼凡所作文字，讥斥先朝，援古况今，多引衰世之事，以快忿怨之私。行吕惠卿制词，则曰：'首建青苗，次行助役、均输之政，自同商贾；手实之祸，下及鸡豚；苟有蠹国而害民，率皆攘臂而称首。'行吕大防制诏，则曰：'民亦劳止，愿闻休息之期。'撰司马光《神道碑》，则曰：'其退如洛如屈之陂泽。'凡此之类，播在人口者非一，当原其所犯，明正典刑。"（彭百川《太平治迹统类》）

"林希子中，在元祐作从官，与东坡为侪辈。在杭则为交承。东坡入翰苑，林以启贺曰：'父子以文章名世，盖渊云司马之才；兄弟以方正决科，迈晁董公孙之学。'后东坡谪惠州，林草制词，极其诋訾，云：'轼罪恶甚，论法当死……虽轼辨足以饰非，言足以惑众，自绝君亲，又将奚憝？'"（陆树声《长水日抄》）御史虞策报告："苏轼作诰诏，语涉讥讪，望核实施行。"刘拯报告："苏轼敢以私忿行于诏诰中，厚诬丑诋；轼于先帝，不臣甚矣。"（彭百川《太平治迹统类》）朝廷在《苏轼散官惠州安置制》中，指责苏轼"诋诬圣考，乖父子之恩，害君臣之义。""市井不为，缙绅共耻"。"可责授宁远军节度副使，惠州安置"。

1097年，苏轼再次被流放，发配到惠州。流放对他是无所谓的，"盖天下之乐无穷，而以适意为悦。……夫孰知得失之所在？惟其无愧于中，无责于外，而姑寓焉。此子瞻之所以有乐于是也。"（苏辙《武昌九曲亭记》）

"鹅城清风，鹤岭明月……""荔枝正出林下，恣食亦一快也。""家有婢，能造酒，极佳，全似王晋卿家碧香，但乏可与饮者尔。"（苏轼《答张文潜》）

"早来宿酒殊昏倦，得佳篇一洗，幸甚。昨日醉中口占，忘之矣。写一首为笑。""撰月塔铭，使澄心堂纸，鼠须笔，

李廷珪墨，皆一代之选也。"（苏轼《与陈季常》）

"昨夜苦热减衣，晨起得头痛病，故不出见客，然疾亦不甚也。方令小儿研墨为君写数大字。旋得来教及纸，因尽付去。恐墓表小字中亦有题目，则额上恐不当复云墓表，故别写四大字，以备或用也。舍弟所作词，当续写去。人还，匆匆。"（苏轼《与刘壮舆》）

"诗文二卷并纳上，后诗已别写在卷。后检得旧本，改定数字。"（苏轼《与刘壮舆》）

"儿子比抄得《唐书》一部，又借得《前汉》欲抄。若了此二书，便是穷儿暴富也。呵呵。"（苏轼《与程全父书》）

但是，他也怕了，"多难畏人，此诗慎勿示人也。"（苏轼《与苏子容》）"见戒勿轻与人诗文，谨佩至言。如见报出都日所闻，虚实不可不知，勿以告人也。"（苏轼《答孙志康书》）

* * *

苏轼时代的惠州，"合江楼下，秋碧浮空，光摇几席之上，而有茅店庐屋七八间。横斜砌下。"（苏轼《合江楼下

106

戏》）如今惠州已是470多万人的巨城大邑。东江从城中间穿过，江边大厦林立，使得这条江看上去就像一个水库。几条老街还在，建筑是20世纪受法国19世纪建筑影响的灰黄色骑楼。小巷的名字古色古香，六角巷、尔雅巷、叮咚巷、朱紫巷……小巷里有几家古董店，路旁坐着些老人。他们就在这住了一辈子，满街都是熟人、亲戚、朋友、街坊邻居的地方养老，许多石头被日复一日的端坐、闲坐磨得非常光滑。小巷上空飘扬着各家晾的衣服，安静朴素，与世无争，充满生活的古老气息。但一切都在等着拆迁，拆迁像阴影一样笼罩着生活，使这里的一切看上去都无精打采。白鹤峰上建了许多房子，苏轼故居也在重建。遗址在一个中学里，只剩下一口井，用铁丝封住。雇来的本地民工裸着上身，正在烈日下挑土，脊背被太阳晒得油光光。这是亚热带，年平均气温22摄氏度，最热的时候在35摄氏度以上。恍惚间，以为是苏轼领着工人在盖房子。"新居在一峰上，父老云，古白鹤观基也。下临大江……"（苏轼《与陈伯修》）惠州老城中间有个湖，叫做西湖，这个名字是苏轼命名的，他是惠州的命名者，"一自坡公谪南海，天下不敢小惠州"（江逢辰《白鹤峰和诚斋韵》）。湖中的岛上有苏轼之妾王朝云的墓。王朝云是钱塘人，《燕石斋补》说："朝云乃名妓，苏轼爱幸之，纳为常侍。"毛晋在《东坡笔记》记载：有一天东坡退朝，食罢，摸着自己的大肚腩慢慢走，对跟着他的侍从说："你们说说我肚子里有什么东西？"一婢说："都是文章。"东坡不以为然。又一人说："满肚子都是聪明智慧。"东坡觉得也不恰当。回到家又问朝云，朝云说："学士一肚皮不合入时宜。"东坡捧腹大笑，说："知我者，唯有朝云也。"王朝云跟了苏轼23年，在惠州病故。苏轼在墓志铭中写道：（朝云）"敏而好义，忠敬若一。"（苏轼《朝云墓志铭》）

在惠州，苏轼看到居民饮水困难，就教他们修建水槽，将山上的水引到城里。看到穿过惠州城的大江，江是好的，但没有桥，就教他们修建浮桥。东新桥在绍圣三年（1096年）6月建成，"父老有不识，喜笑争攀跻。"（苏轼《两桥诗·东新桥》）看到守军没有军营，散居在百姓的家里面，经常扰民，就请建军营。看到农夫插秧很辛苦，脚杆泡在烂泥里沤得发白，以至发炎，就教他们制作秧马，骑在秧马上插秧，脚就不会总是泡在泥巴里了。他看到惠州流行瘴疫，就教他们防治："治瘴止用姜葱豉三物，浓煮热呷，无不效者。"（苏轼《与王敏仲》）他看到当地缺医少药，就开辟了药圃，种植人参、枸杞、甘菊、薏苡、地黄……他看到他们不会酿酒，就教给他们。"今岭南，法不禁酒，予既得自酿，月用米一斛，得酒六斗。""故所至，常蓄善药，有求者则与之，而尤喜酿酒以饮客。或曰：'子无病而多蓄药，不饮而多酿酒，劳己以为人，何也？予笑曰：'病者得药，吾为之体轻，饮者困于酒，吾为之酣适，盖专以自为也。'"（苏轼《书东皋子传后》）他俨然是一位创世者。

"罗浮山下四时春，卢橘杨梅次第新。日啖荔枝三百颗，不辞长作岭南人。"(苏轼《惠州一绝》)这是苏轼另一首脍炙人口的诗篇。罗浮山离惠州不远，苏轼经常到山里去，看望隐居在深山中的高人隐士。"罗浮山有野人，相传葛稚川之隶也。邓道士守安，山中有道者也，尝于庵前见其足迹长二尺许。"（苏轼《寄邓道士》）1095年，苏轼读到唐朝诗人韦应物（韦苏州）783年写的诗《寄全椒山中道士》："今朝郡斋冷，忽念山中客。涧底束荆薪，归来煮白石。遥持一樽酒，远慰风雨夕。落叶满空山，何处寻行迹。""乃以酒一壶，仍依苏州韵作诗寄之云。一杯罗浮春，远饷采薇客。遥知独酌罢，醉卧松下石。幽人不可见，清啸闻月夕，聊戏庵中人，空飞本无迹。"两诗之间，相隔300年之久，可以看出，苏轼的松下石还是韦应物的白石，韦应物的"山中客"也还是苏轼的"采薇客"。世界依旧"美如斯"。我来的时候，罗浮山是"国家重点风景名胜区"，山前是办公楼、停车场、售票处，修了水泥大道，盖了宾馆。20世纪60年代，罗浮山一度被封闭，只有少数人可以进入。近年才重新开放，以前有卫兵守卫的禁区"将军楼"也开放了，对外营业。因为一度封闭，所以山上的植被保护得很好，古木参天，幽人不可见。松下石还在，草木茂盛，蝴蝶衮衮，溪流潺潺。山腰以上，尽是秃石。秃石之间，有小卖部，出售一种极白的豆花和矿泉水。

"白头萧散满霜风，小阁藤床寄病容。报道先生春睡美，道人轻打五更钟。"（苏轼《纵笔》）苏轼在惠州写的这首诗传到朝廷中，令迫害者非常嫉妒痛恨，他的流放生涯居然不是痛不欲生，反而是"春睡美"，不知罪，有含沙射影之嫌。绍圣四年（1097年），60岁的苏轼又被流放海南岛的儋州。儋州与大陆隔着大海。方志说"其地有黎母山，诸蛮环居其下。黎分生、熟，生黎居深山，性犷悍，不服王化"，"熟黎，性也犷横，不问亲疏，一语不合，即持刀弓相向。"在宋朝，放逐海南只是比满门抄斩罪轻一等。"岭南天气卑湿，地气蒸溽，而海南为甚。夏秋之交，物无不腐坏者。人非金石，其何能久？"（苏轼《书海南风土》）"此间食无肉，病无药，居无室，出无友，冬无碳，夏无寒泉，然亦未易悉数，大率皆无尔。"（苏轼《答程天侔书》）"沧海何曾断地脉……粗识轩辕奏乐声。九死南荒吾不恨，兹游奇绝冠平生。"（苏轼《六月二十日夜渡海》）

苏轼自有解脱之道："吾始至南海，环视天水无际，凄然伤之曰：'何时得出此岛耶？'已而思之，天地在积水中，九州在大瀛海中，中国在少海中，有生谁不在岛中者？覆盆于地，芥浮于水，蚁附于芥，茫然不知所济。少焉水涸，蚁即径去，见其类出涕曰：'几不复与子相见！'岂知俯仰之间，有方轨八达之路乎？念此可以一笑。"（苏轼《在儋耳书》）

　　在儋州的亚热带丛林里，苏轼完成了他45岁时在黄州开始的沉思录《东坡易传》，"到黄州，无所用心，辄复覃思于《易》、《论语》，端居深念，若有所得，遂因先子之学，作《易传》九卷。"（施宿《东坡先生年谱》）以《易经》为路，"千载之微言，焕然可知"（苏辙《亡兄子瞻端明墓志铭》），苏轼展开了他的中国文化之思。这是一部伟大的思想录。"古之君子，患性之难见也，故以可见者言性。夫以可见者言性，皆性之似也。君子日修其善以消其不善；不善者日消，有不可得而消者焉。小人日修其不善以消其善；善者日消，亦有不可得而消者焉。夫不可得而消者，尧舜不能加焉，桀纣不能亡焉，是岂非性也哉！""首出庶物，万国咸宁。至于此，则无为而物自安矣。"（《东坡易传》）理学家朱熹攻击此书"故每为不可言、不可见之说，以先后之务，为闪倏滉漾不可捕捉之形，使读者茫然，虽欲攻之而无所措其辨。殊不知性命之理甚明，而其为说至简。"（《杂学辨》）我以为这正是此书的非同凡响之处。"说不可说之神秘"（海德格尔语），正须"闪倏滉漾不可捕捉"。

与宋代热衷于谈经论道、执着于"观念的冒险"的士大夫不同，苏轼一方面博览群书、著作等身；另一方面，他也是一个热爱动手做事的人。不毛之地儋州，苏东坡一来，就不是不毛之地了。"凡物皆有可观。苟有可观，皆有可乐，非必怪奇伟丽者也。哺糟啜漓，皆可以醉，果蔬草木皆可以饱。推此类也，吾安往而不乐。"（苏轼《超然台记》）"风土极善，人情不恶。"（陈正敏《遁斋闲览》）"试问岭南应不好？却道，此心安处是吾乡。"（苏轼《定风波》）

他在棕榈树林里自己盖了房子，命名为"桄榔庵"。"两颊红潮增妩媚，谁知侬是醉槟榔？"（苏轼《题姜秀郎几间》）"半醒半醉问诸黎，竹刺藤梢步步迷。但寻牛矢觅归路，家在牛栏西复西。"（苏轼《被酒独行遍至子云威徽先觉四黎之舍》）"朝阳入北户，竹树散疏影。短篱寻丈间，寄我无穷境。"（苏轼《新居》）"利尔耕耘，好尔邻偶。斩艾蓬蓼，南东其亩，父史扶梃，以扶游手"。（苏轼《和陶劝农六首》）

112

"此中枯寂，殆非人世；然居之甚安。况诸史满前，甚可与语者也。"（苏轼《与郑嘉》）

"过子忽出新意，以山芋作玉糁羹，色香味皆奇绝。天上酥酏则不可知，人间决无此味也——香似龙涎仍酽白，味如牛乳更全清。莫将南海金蒸脍，轻比东坡玉糁羹。总角黎家三四童，口吹葱叶迎送翁。莫作天涯万里意，溪边自有舞雩风。"（苏轼《被酒独行，遍至子云威徽先觉四黎之舍》）

"己卯上元，余在儋耳。有老书生数人来过，曰：'良月佳夜，先生能一出乎？'予欣然从之。步城西，入僧舍，历小巷，民夷杂揉，屠酤纷然，归舍已三鼓矣。舍中掩关熟寝，已再鼾矣。"（苏轼《儋耳夜书》）他继续写作著书，没有墨，他自己制墨。当地人不说汉语，更没有人参加科举考试，"宋苏文公之谪居儋耳，讲学明道，教化日兴，琼州人文之盛，实自公启之。"（清·戴肇辰《琼台记事录》）从儋州地方流传至今名称也可以看出他的影响——东坡村、东坡井、东坡田、东坡路、东坡桥、东坡帽……

1101年，朝云暮雨的政局再次发生变化，朝廷大赦天下。苏轼复任朝奉郎，只有舍弃他在儋州的桄榔庵北上，还没有回到帝都，就于1101年8月24日逝世于常州。宋高宗即位后，追赠苏轼为太师，谥为"文忠公"。

＊　＊　＊

"经纶不究于生前，议论常公于身后。"（宋孝宗《苏文忠公赠太师制》）1000年后，研究苏轼成为一门学问。1980年9月12日，中国苏轼研究学会成立。如今在世界各地，都有"苏学"研究者。在黄州，我曾访问"东坡文化研究会"。这个研究会有会员近百人，在一个简陋朴实的小会议室里，与会的几位老先生谈起苏轼，慷慨激昂，他们一再提及苏轼的"现实意义"。美国华盛顿州立大学东亚文化研究中心主任唐凯琳教授认为：在21世纪，苏轼的作品在西方将更加流行。对苏轼依然褒贬不一，有的研究者考证他是"颛顼帝之苗裔"，有的批评家批判他的"犬儒主义"。苏轼不像李白杜甫那样有一个定论，这正是苏轼的非凡之处。苏轼有点像恩格斯揶揄过的歌德："他心里经常发生天才诗人与法兰克福前参议员的谨慎的儿子或魏玛的枢密顾问官之间的斗争，前者对于环绕在他四周的俗气抱着嫌恶的心情，后者使自己必须和它妥协，适应于它。因此，歌德有时候是非常伟大的，有时候是渺小的；他有时候是反抗的、嘲笑的、蔑视世界的天才，有时候是谨小慎微的、事事知足、胸襟狭隘的小市民。""要是歌德能把自己的小市民习气改一改，他就更伟大了，就更像奥林匹亚山上的宙斯了。"（《诗歌和散文中的德国社会主义》）苏轼在中国，早已进入奥林匹斯山，但是人们对他的认识依然非常矛盾，一方面他们崇拜他，为"明月几时有""大江东去"的深邃恢宏、雄浑高迈意境和沉思的深邃折服；而另一方面，"君子远庖厨"，当他们想到教堂里那些正襟危坐的圣像时，又对这位总是与一碗油红皮光的红烧肉或者挤满红男绿女的长堤联系在一起的先贤满怀狐疑。

苏轼被埋葬在河南省平顶山市郏县城西27公里处的小峨眉山，背嵩阳，面汝水。我在一个阴雨绵绵的春天前往。苏墓旁边寺庙的暖阁里供奉着三苏父子的塑像，这是元代的塑像，看上去苏轼稍胖，结实而沉稳，中间是他父亲苏洵，左边是他弟弟苏辙。这组塑像藏到今天是一个奇迹，"文革"中，有人将暖阁用泥巴封起来，外面覆盖了毛泽东的像，才保存下来。与南方故乡花园祠堂不同，苏轼的墓更像一个陵墓，通往墓冢的道路两侧排列着石马、石羊、石虎、石狗、石人，墓园的大门两侧蹲一对石雕狮子。墓冢倒朴素，就是一土包，前面的石案上有一个缺口的石香炉。清冷、萧疏，陵园内有五百多株古柏，起风时，往往传来啸傲之声，"明月夜，短松岗"（苏轼《江城子》）。

"有一个撒种的出去撒种。撒的时候，有落在路旁的，飞鸟来吃尽了；有落在土浅石头地上的，土既不深，发苗最快，日头出来一晒，因为没有根，就枯干了；有落在荆棘里的，荆棘长起来，把它挤住了；又有落在好土里的，就结实，有一百倍的，有六十倍的，有三十倍的。"（《马太福音：第13章》）

　　暮色苍茫，天空依旧寥廓，将暮色再次送回世界。看不见乌鸦，不知道它们现在何处。此刻，飞越世界天空的只有一架架飞机。千年之后，人们已经很难在空间发现苏轼这个人曾经存在过的痕迹，甚至，他歌咏过的大地都面目全非了。但是，并不影响人们继续阅读苏轼，翻开新版的《古文观止》，立即可以看见苏轼那些1000年前写下的文字："壬戌之秋，七月既望，苏子与客泛舟游于赤壁之下……"（苏轼《前赤壁赋》）令人激动，忍不住要去投靠这叶扁舟，"小舟从此逝，江海寄余生"。（苏轼《临江仙》）人们已经厌倦这个世界反生活的"天变不足畏，祖宗不足法"（《宋史·王安石列传》）的"观念冒险"、"固一世之雄也"（苏轼《前赤壁赋》）的功利主义、"哪管身后洪水滔天"的拜物教，人们已经厌倦了那种不美的进步……人们渴望生活、"美长江之无穷"（苏轼《前赤壁赋》），渴望生活世界的"可持续"，渴望"甚

116

美"。苏轼文章中的世界是无法重返的，就止于至善这一大道来说，文明的趋势也不可能回到过去。但是，苏轼文章所暗示的世界观——尽善，也要甚美，"充满劳绩，但还诗意地栖居在大地上"（荷尔德林《人，诗意地栖居》）。在我们时代，依然深得人心。"恐天下沿其末而不知反其宗……恐天下相追于无穷而不已"（苏轼《东坡易传》）。借着这些不朽的文字，我们仿佛还可以遇见苏轼本人，我们依然可以再次觉悟何谓生活；再次思考我们是谁，来自何处，要到哪里去。

2015年1月7日星期三初稿于昆明紫庐

2015年9月、11月再改

2016年2月26日星期五再改

出　版　人：胡洪侠
策划/出品：共同体（北京）工作室
责任编辑：高照亮　吴　琼
封面设计：有间广告

图书在版编目（CIP）数据

朝苏记／于坚著 .－－ 深圳：深圳报业集团出版社，2016.10
ISBN 978－7－80709－756－3

Ⅰ．①朝… Ⅱ．①于… Ⅲ．①苏轼（1036－1101）—
生平事迹 Ⅳ．①K825.6

中国版本图书馆CIP数据核字（2016）246049号

朝苏记
Chao Su Ji
于坚 著

深圳报业集团出版社出版发行
（518034深圳市福田区商报路2号）
印刷　山东德州新华印务有限责任公司　新华书店经销
2016 年 10 月第 1 版　2016 年 10 月第 1 次印刷
开本：787mm×1092mm　1/32 印张：3.875
字数：67千字
ISBN 978－7－80709－756－3
定价：32.00元